唤醒生涯

生命成长视阈下的生涯教育

李萍 著

机械工业出版社
CHINA MACHINE PRESS

本书从生命成长的视阈,提出了"真我"金字塔模型,重点阐述了该模型的本质、步骤、目标及内容,并围绕如何唤醒沉睡真我、觉醒无限生命这一主线,从每个生命当下的现实问题及需求出发,挖掘问题背后的期待与关注,旨在帮助读者寻找生命的意义,发现自己的生命规律,顺应自己的生命之道,实现更幸福的人生。此外,本书还针对如何在中学实施生涯教育,提出了具体的解决方案。

图书在版编目(CIP)数据

唤醒生涯:生命成长视阈下的生涯教育 / 李萍著.
—北京:机械工业出版社,2020.4
ISBN 978-7-111-65507-7

Ⅰ.①唤… Ⅱ.①李… Ⅲ.①职业选择-教学研究-中学 Ⅳ.①G633.932

中国版本图书馆CIP数据核字(2020)第075132号

机械工业出版社(北京市百万庄大街22号 邮政编码100037)
策划编辑:王淑花 梁一鹏 责任编辑:王淑花 梁一鹏 刘 岚 张清宇
责任校对:张玉静 责任印制:孙 炜
北京联兴盛业印刷股份有限公司印刷

2020年7月第1版第1次印刷
145mm×210mm·5.5印张·74千字
标准书号:ISBN 978-7-111-65507-7
定价:49.80元

电话服务   网络服务
客服电话:010-88361066   机 工 官 网:www.cmpbook.com
         010-88379833   机 工 官 博:weibo.com/cmp1952
         010-68326294   金 书 网:www.golden-book.com
封底无防伪标均为盗版   机工教育服务网:www.cmpedu.com

推荐序

李萍老师是我的妈妈,也是我最敬佩的人。

儿子的角色让我有幸目睹此书诞生的全程及其背后的故事——一次哪怕在今天读来也非常励志的生涯转型。资质平平的青年教师发愤图强并一路晋升为副教授,然后,在从事会计教学20余年后毅然放下所有积累,去追寻真正的学术所爱,踏上生涯教育之路。这场艰苦而颇有成就的转型,本身就是"唤醒生涯"的生动实践。走过"少有人走的路"并且到达了理想的彼岸,再回顾自己一路的心得,著成此书。这本书是她和盘托出的肺腑之言。

然而我更希望从学生的视角来写这篇序,给读者提供一个相对客观的评价。事实上,在李老师尝试转型的初期,我就因"近水楼台先得月"而被她当作生涯规划的第一个实践对象。

清晰地记得那是2002年,李老师神秘地在家里的"龟速"电脑上安装了一个程序让我试试（后来才知道是当时非常先进的 MBTI 测试），并以一名望子成龙的母亲，兼久经沙场的老教师，兼刚修完心理学硕士，迫不及待想要练手的咨询师的身份，对测试结果显示的四个英文字母"INTJ"进行了一番阐释。本应忙于高中会考却痴迷于市场营销类书籍的我，似乎从结果中找到了一些有利的证据，来证明"我想学商科"的选择之正确。于是，她开心地在我身上开展了一次 MBTI 个案咨询，我也开心地获得了充足的理由，选择被保送去了一所当时默默无闻的商学院。

大学四年，她在两次重要时刻给予我很大的帮助。一次是大二时，某国家部委来校定向遴选。当辅导员询问我是否愿意被推荐时，李老师一个 15 分钟的电话咨询让我坚定：我的个性特征并不适合这个职位。另一次是大四撰写简历和求职信时，我借助李老师所写的第一本书，细致地梳理自己的优势，最终如愿拿到了心仪公司的录用通知书。回想起来，如果没有李老师作为生涯教练的"保驾护航"，也许我的选择会完全不同。当然，李老师也一定从我身上磨炼了教练技术，掌握了如何与 INTJ 型人沟通的要点。

2014年，刚退休的李老师遭受了巨大的家庭变故。从李老师的言语中，我感受到了她的变化，她依然是一名饱含激情、鼎力助人的生涯教练，但同时也变成了一名学生——生命的学生。因为切身经历生命的无常，她开始探求生命的终极意义和退休之后新的活法。这条路注定孤独，因为生命这个课题实在庞大，而真正的体悟和收获全在内心。目睹亲人接连离去的她，以惊人的毅力、耐力和定力，从泥沼中爬了出来，再次站到了全国各地中学的讲台。她的教案中多了许多新的故事、新的发现、新的感悟。这些内容并非成百上千场讲座或进修课程所能给予。它们是体悟而来的，与其身心完美融合的信念和行动。我看到了一个更坚定、更从容、更透彻、更精进的李老师，在分享唤醒生命要义的同时，不断更新、充实理论框架与实践案例，乐此不疲。我也再次被她锲而不舍、努力精进的精神所感动，从学生变成了倾听者和同行者。

　　2019年春节，李老师兴奋地告诉我，她想把过去18年的积累整理成书。那个只争朝夕的她再次"上线"，马不停蹄地整理资料、撰写初稿、联系出版社。而从事咨询工作十余年的我，也利用业余时间帮助她梳理书中的概念和表达方式。我们都有一个共同的心愿：让"唤醒生涯"惠及更多人，哪怕只是收获一点感想、一点领悟或一点改变，对我们而言都是值得欢庆的。"唤醒生涯"融合了万物之道，是李老师对生命最宝贵的反思。

祝福李老师，在帮助更多人"唤醒生涯"的道路上顺意随喜。也祝福本书的读者——渴求觉知真我、觉醒生命的你——能更加理解自己，悦纳自己，爱自己。

永远的学生：恩临
2019 年初春于北京

自 序

一个人的生涯不被唤醒,他将始终处在沉睡之中。真正的生命从被唤醒的生涯开始,无论你当下在哪个阶段,处在怎样的位置中。

一个人的生涯不被唤醒,他将终究活在外部世界里。真正的生命是活出真实的自己,无论你现在在哪儿生活,活得如何洒脱或窘迫。

一个人的生涯不被唤醒,他将永远无法获得真正的幸福。真正的幸福来自意识的提升。生命的本质是意识,意识的本质是觉醒。

唤醒生涯,唤醒沉睡的真我,觉醒无限的生命,这是生涯教育的起点和终站,也是我走上生涯教育之路,寻寻觅觅 18 年体悟而来的。

那么,如何唤醒生涯,让我们每个人都醒来,活出真实的自己,获得幸福的人生?

十几年来，我一直尝试着运用各种理论工具、方法模型，来平衡现有研究中的学术与实践、单一与复杂。我经历了从学习到连接，从实践到探索，从思考到反思，从反思到质疑，从质疑到解惑的过程。我试图建构一个模型，一个既能大道至简，又能万法归一的模型。

我问自己，大道至简，万法归一，一归何处？答案非常肯定，一归真我。于是我开始建构"真我"金字塔模型。这个模型从建构到形成，经历了从孕育到出生，从雏形到成形，从实践到检验，从运用到传播的 18 年历程。其孕育期达 10 年之久。这个过程挑战自己也挑战权威，突破自己也超越权威。

"真我"金字塔模型，是我十几年生涯教育教学与咨询的框架、思路。

广闻，深思，修证，讲学，辩论，立著。闻、思、修是渡己，讲、辩、著是助人。最后的著有两层含义，即"文"与"献"，文以文字著，献以培养人才和活出自我著。用文字写下来，作为一种传播方式，这也是我写此书的初衷。后一种著一直在路上。我想，不管是讲课还是写书，都是为自己的心灵，它是我心灵流淌的不同形式。这些年来所有遇到的人与事都是滋养我心灵的营养，都是我用以唤醒生涯、体悟真我、觉醒生命的机缘。当然，著作此书，还有来自儿子的点拨。在一次不经意的交流中，儿子说："老妈，你的生涯发展过程，就是唤醒生涯，唤醒沉睡的'真我'，觉醒无限的生命的一个典范。你写成书，我给你写序！"儿子的一个承诺，是我最期待的，也是推动我写下来的重要动力。

此书分三部分。第一部分为唤醒生涯——"真我"金字塔模型，讲模型的缘起、逻辑、运用，以及由模型生发的"一三五"体系；第二部分为唤醒生涯——行在深处，讲唤醒生涯如何在生涯教育中落地运用；第三部分为唤醒生涯——立在高处，讲唤醒生涯的理念、目标、定位与律动等。

我愿与从事生涯教育的同行交流。尽管见地肤浅，但也至少记录了我 12 年的大学生涯教育教学与研究，6 年的新高考下中学生涯教育实践与探索，这段充实而丰盈的成长之路与生命历程。

李萍

2019 年初夏于西子湖畔

推荐序

自　序

第一部分
唤醒生涯——"真我"金字塔模型　001

一　"真我"金字塔模型　002

二　"真我"金字塔模型生发的"一三五"体系　030

第二部分
唤醒生涯——行在深处　047

一　唤醒生涯从现实问题与需求出发　048

二　唤醒生涯的课程内容与设计　050

三　唤醒生涯的教学法　057

四　唤醒生涯，步步为营　061

五　唤醒生涯，同心协力　104

第三部分
唤醒生涯——立在高处　111

一　唤醒生涯的理念——生命、觉醒、幸福　112

二　唤醒生涯的目标——立、归、智、觉　118

三　唤醒生涯的定位——本、果、道、一　129

四　唤醒生涯的律动——真、假、常、变　137

五　唤醒生涯的心髓——缘起、连接、理明、呈现　146

后　记 / 158

参考文献 / 162

第一部分

唤醒生涯
——"真我"金字塔模型

一 "真我"金字塔模型

1. "真我"金字塔模型的缘起

三个重要的身份与角色——40 年教师、8 年教练、34 年妈妈的经历与体验，所体悟与转化的生命智慧，是建构"真我"金字塔模型的基础。而对生命终极意义的思考，是建构"真我"金字塔模型的缘起。

2004年至2014年，我切身经历生命的无常，目睹亲人接连离去。身边的好友与同学也不同程度地出现身体疾病或面对死亡的恐惧。于是，我开始思考、探求生命的终极意义：疾病与死亡在告诉我什么？如果生命只给我三个月，我会做什么？要怎么度过才会少留遗憾，不枉此生？我在2013年2月立下了遗愿清单，其中第一项就是系统学习生命哲学，以探索生涯教育源头并与之连接。

我朦朦胧胧地感觉到，生涯教育关乎生命，与一个人的生命成长相关，它不是单一的学科或理论。生涯教育是一个生命的全人全程教育，不是简单的大学专业或职业选择，更不是高中学科如何选择和高考后的志愿填报，而是对生命的唤醒教育。很多人活了一辈子，从来没有唤醒过内在的自性，没有进入过内在的心灵世界，没有真正享受过人生——安宁、喜悦、自在、健康、快乐、幸福的人生。

2002年，在经历了23年的会计教学后，我评上了会计学副教授。展望未来，到2014年退休，还有12年。内心一直有个声音在告诉我，接下来的12年你要做点自己喜欢的事。23年的会计教学，我一直很努力地想当好一位会计老师，每天凌晨3点起床备课，十几年如一日。但无论我怎么努力，只能做到8分好，很难做到10分优秀，更做不到12分卓越。尽管是被学生喜欢的会计老师，但那不是我最好的状态。我问自己，我到底想要什么？当时，我只知道自己不要什么，不知道自己想要什么。也许是内心真我的领引，1997年，我自费并无意识地去读了浙江大学应用心理学专业，读完研究生课程之后，又进行了心理咨询等实践，为之后走上生涯教育之路做了铺垫。

如果说，2002年是我的生涯唤醒之年，那之前的我便一直在"沉睡"，是为父母、为生活、为社会要求的我而活。从小我就是一个乖乖女，只想得到父母和老师的表扬与认可，只想得到弟弟妹妹和同伴的友善与喜欢。高中毕业时，响应国家号召，光荣地上山下乡当一名知青；恢复高考后，响应国家号召，进入千军万马的高考行列。因是家中老大，父母期待我早日工作，为家里减轻负担，又无奈为生活所迫放弃本科而选择中专院校；想读师范专业，又在无奈的状态下被调配到会计专业。毕业后在去省市级机关或公司做会计，还是留校当会计老师两个选择中，我选择了当一名会计老师。我在专业教学上努力进取，业余时间却喜欢读点心理学和教育学期刊及书籍，甚至把会计课讲成"阳光照耀会计人"，直到2002年评上会计学副教授。

2002年，可谓是我的生涯唤醒之年，也是我的生命成长之年。那一年我开始真正回归自己，回到我内在的心灵世界，回归心灵的原乡，开始走在成为自己的路上，不断地在连接中获得成长与觉醒。

生涯被唤醒，生命从某种意义上说才开始。这是我自己最深的体悟。

我想，我便是如此，有多少人能够如此呢？

我要用怎样的生涯教育体系与方法帮助每个人唤醒生涯，回归真我，觉醒生命？

我开始有点明白：做自己，一定要找到真我，也就是明心见性。没有明心见性，永远不可能鉴行，做自己，成为自己，更不可能超越自己。那么，如何帮助更多的人明心见性，从生命成长及终极关怀中找到生涯教育的源头？

我在不断的连接中获得成长，在不断的发现、觉察、觉知中获得觉醒。一个重要的体悟，就是所有与外部世界的连接所获得的成长，都是在唤醒真我，进入自己内在的心灵世界，与自己获得连接的基础上，在身心连接，在本体合一的基础上实现的。只有这样，才能让本性具足的自性、真我和智慧充分地呈现与彰显出来。这样，人生的意义与价值，人生的召唤与使命才能较为清晰地展现在我们面前。

我把所有学过的学科作为生涯教育的理论基石。正是这一系列的学习与连接，形成了我的生涯教育理念、目标与定位。

2014年春节，我趁儿子在家，将这些想法以及我在大学做了十几年的生涯教学与咨询所形成的思路搬到儿子面前，想借用他的智慧，建构一个模型。（说明一下，儿子从事咨询工作，又是典型的NT型人）经过儿子数十

天的思考与打磨，我们不断沟通与梳理，便形成了"真我"金字塔模型。

何为真我？真我是先天之本性的我，是觉醒的我。生命中先天之本性，即自性本体。由此，就能理解何为假我。假我是后天被改造的我，是没有觉醒的我。

2. "真我"金字塔模型的逻辑层次

（1）上下逻辑

A. 使命与召唤。这是一个自我建构，建立自我同一性的过程。通过反思"我是谁""我想成为怎样的人"，帮助个体自我建构，形成自我同一性和自我概念，从而提升自我效能感。

B. 天赋与优势。这是一个开启智慧，形成自我同一性，提升自我效能的过程。问自己：我与生俱来的天赋是什么？我有哪些优势可以支持自己？通过唤醒与开启，彰显先天智慧，通过经历与体验，培养后天智慧。

C. 选择与决策。这是一个选择培养，顺应自我同一性的过程，即理想自我与支持系统的顺应、妥协，甚至退让。根据自身天赋、优势及外部资源，思考：我有哪些选择的可能性？在诸多的选择中如何决策？

D. 目标与愿景。这是一个探索目标，统整自我同一性的过程，即理想自我与不同阶段目标的统整。每个阶段的目标愿景都不同，但与我是谁，我想成为怎样的人是一致的。

E. 计划与行动。这是一个自我同一性统整后自我实现的过程。需要计划与行动，用"倒果为因"法，先成为，再行动，后拥有。用教练式思维方式，成长为那个想成为的人，实现自我。

我是谁？我想成为怎样的人（我要去哪里）？我如何成为这样的人（我如何去）？这是人生三大基本问题。

自我同一性，即个体在特定环境中的自我整合与适应之感，是个体寻求内在一致性和连续性的能力，是对"我是谁""我将来的发展方向""我如何适应社会"等问题的主观感受和意识。

自我同一性的概念，是爱利克·埃里克森（Erik Erikson）于 1963 年依据发展心理学和发展社会学原理对自我整合分析提出的。他认为，自我同一性是个体在过去、现在和未来的时空中对自己内在的一致性和连续性的主观感觉和体验，以及他人所感觉到的个体的一致性和连续性，是个体在特定环境中的自我整合。解决同一性危机就是解决人生发展中的价值观、人生观、世界观面临不同选择而引起的混乱。

上下逻辑所在，是自我建构，解决不同阶段的自我同一性问题。建立自我同一性，形成自我概念，提升自我效能。

（2）左右逻辑

左右逻辑是从找自己到做自己，从探索生涯到演绎生命，是"鉴心"到"鉴行"的过程。左边是探索使命与天赋，是明明白白我的"心"，明心见性，是内圣之道。右边是实现目标与愿景，是实实在在我的"行"，修齐治平，是外王之道。左右逻辑是从心向往之，到行必能至，成就内圣外王。

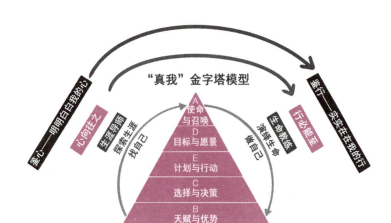

左右逻辑是从生涯导师到生命教练。通过帮助个体探索使命与天赋，找到自己。通过选择与决策，确定目标与愿景，实施计划与行动，做自己，成为自己。这也是我给自己的角色定位，即生涯导师和生命教练。

左右逻辑所在，是从找自己到做自己，是从"鉴心"到"鉴行"，是由内圣到外王，心向往之，行必能至。

（3）内外逻辑

如果在"真我"金字塔模型上架一个"人"字，那金字塔顶部相当于一个"人"的头部，金字塔底部相当于一个"人"的双脚。

一天一地，相当于人的中脉，天命与天赋呼应，即打通中脉；一左一右，相当于人的任督两脉，找自己与做自己接轨,即打通任督两脉。中脉打通,任督两脉打通,相当于整个人的气脉轮打通,人的智慧与生命处在通达状态。

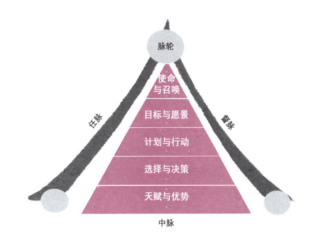

内外逻辑所在,是上下左右打通,让生命处于通达状态,让内化于心的部分,外化于形。

"真我"金字塔模型,是我整个生涯教育的思路与框架。我不仅运用在大学生涯教育教学与咨询中,还运用在职场人士的讲座与咨询中。高考改革后,我还把它运用在中学生涯教育与咨询中,既帮助中学生解决学科选择,大学专业及未来职业的选择等实际问题,又引导中学生探索自己的使命与天赋,以及思考生命成长与未来发展等问题。通过"真我"金字塔模型的运用,实现生涯的唤醒。

3. "真我"金字塔模型的运用举例

从一个中学生的案例中,我们一起看看如何运用"真我"金字塔模型。

小东是第一批高考改革后一所普通高中的高一女孩。她到我这里做咨询,要解决两个问题:一是如何"7选3",二是未来能做点什么。她是在我给他们学校高一年级学生做讲座后主动通过邮件联系我的。

小东:老师,我现在在全年级排倒数40名,按照我们学校以往的排名,预计将来考不上本科院校,顶多能考上高职院校,但是考上好一点的高职院校也比较难。

我:孩子,老师想知道,未来你最想成为怎样的人?倒数40名只能代表昨天的你,不能代表以后的你。昨天已经翻篇儿了,我们把昨天与今天做个切断,可以吗?

小东:那好吧!我一直想成为一个自由的人,所以我想开一家咖啡吧。

我:这个想法不错,几乎每个女孩心中都有一个开咖啡吧的梦想。但开咖啡吧,除了可以获得自由,你还可以从中获得什么?

小东：我喜欢做各种各样的西点，既可以设计出不同的花样，又可以让顾客欣赏到西点的美感，产生食欲，进而购买。

我：说到美感，你除了对西点设计有感觉，还对哪些有感觉？

小东：我对园林设计也很有感觉。比如，我认为，我们家小区的园林设计比隔壁小区的园林设计要美，杭州太子湾公园某个角落的园林设计是国内少有的……

我：你对园林设计确实很有感觉。除了园林，还有吗？

小东：老师，我对服装设计也很有感觉。比如，您上次到我们学校讲课时穿的服装，整体感觉特别美。

我：这很好！如果你对服装设计有感觉，那老师以后的服装就可以交给你来设计，而且我到处讲课，自然而然地就为你做了广告。但是，你拿什么让我信任你呢？

小东：老师，我得去学服装设计专业，要有专业技术，才能让您信任。

我与小东聊到这里，已经捕捉到几个关键词，我随手写在白纸上——自由、美感、专长。

然后，我让小东将这三个关键词一一做连接。

"当我自由时，我身心合一。"此时的小东，自由自在感出来了。

"当我具有专长时,我身心合一。"此时的小东,自信感出来了。

"当我给世界创造美感时,我身心合一。"此时的小东,成就感出来了。

接着,我让小东把这三个关键词连起来造一个句子,说一句不超过25个字的话。小东瞬间说出:"我想成为拥有自由,用自己的专长给世界创造美感的人!"当小东大声说出这句话时,我看到她的眼神发亮,这样的眼神让我难以忘却。从一开始进来,低着头,不敢正视我,到眼睛发光,我知道,她的内心发生了变化,她的小宇宙开始启动。

我:要成为这样的人,你有哪些与生俱来、独一无二的天赋?有哪些兴趣爱好与潜能?除了内在优势资源,还有哪些外在资源可借力、可支配、可运用?

小东:老师,我真的不了解自己有哪些天赋与优势,更看不到我的独一无二之处。

我:没有关系,老师帮助你一起寻找。

对于从小缺乏生涯教育,面临高考改革又要瞬间做出选科选考的高一学生,我就直接借助MBTI理论工具,运用非标准化测评方式,对小东的性格天赋进行性格类型分析，同时借助霍兰德类型理论探索其兴趣倾向。这里需要特别强调的是，运用西方的生涯理论及工具，主要目的是帮助小东尽快发现自己的性格天赋和兴趣优势，找到天赋与优势关键词，不断地强化与运用，从而觉察与觉知自己的与众不同，以及学习风格、学习动力和人际沟通模式等。根据自己的风格和特质，与未来的专业和职业连接。

经过两个多小时的沟通交流，我对小东的性格类型做了分析和解读。小东最后确认自己的性格类型是ISTP，兴趣倾向是RIA。性格类型的几个关键词是分析、观察、好奇、敏感、灵活、独立、自由、实效、不必太多规矩；兴趣倾向的几个关键词是实操、精确、可靠、独立、观察、思考、探究、创意、创新、直觉、原创、内省、表达个性化。看到自己的天赋与优势，并连接到自己的学习风格、行为习惯时，小东心领神会。

小东的性格类型ISTP是实务分析型，典型的职业是手艺人。其气质对（SP）是技艺者，功能对（ST）是专注于事实与逻辑。兴趣（RIA）是动手能力、善于研究、喜欢自由表达与展现。从性格类型的天赋和兴趣爱好的优势看，她都非常适合动手操作、分析数据或与事物打交道的设计类专业与职业。

性格类型中显示的天赋与想成为的人,即"拥有自由,用自己的专长给世界创造美感的人"也完全吻合。同时,也体现了小东内在看重的价值观。

我:你想选择的大学、专业及未来职业目标是什么?有几个?请都写下来。在诸多的选择与可能性中你如何做决策?

小东:服装设计、园林设计、工业设计、机器设计、西点设计等。如果是读服装设计专业,我想到浙江理工大学。如果是读风景园林专业,我想到浙江农林大学。如果……总之,读大学我想离家近一点,在杭州读。

我:如果大学及专业目标只确定一个,会是哪个?

小东:我就考浙江理工大学的服装设计专业,或浙江农林大学的风景园林专业。但这两个专业我都喜欢。如果只确定一个,我不知道选哪个。

我又深入分析了小东性格类型的功能优势,ISTP类型的主导功能是内向思考,辅导功能是外向感觉,第三功能是直觉,低级功能是外向情感。小东最弱的优势功能,是对他人不敏感,不喜欢迎合别人等。运用MBTI性格类型选择专业与职业时,我常用的三句话是,优先使用主导与辅导功能，善用与发展第三功能，回避与平衡低级功能。

服装设计与园林设计两个专业，与人打交道更多的是服装设计专业。结合小东的兴趣倾向，人与物中，她更擅长与物打交道，所以，她选择了风景园林专业。

我们根据浙江农林大学风景园林专业的选科要求，选择了物理、生物、历史三个科目。

我：如果你的大学园林梦实现了，那是因为你做了什么？请你写出5~8个方面。你是如何行动的？如果今天就开始行动，你会从哪件事开始做？如果每天只做三件事，会是哪三件？

当时小东没有写下来，问我能否回去想一想再写。我说可以，但作为布置的作业，一定要完成。我告诉小东，如果不做这个作业的结果是什么，让她自己权衡、选择。

2017年10月7日，小东通过邮件告诉我，她如愿地实现了浙江农林大学风景园林梦。我把给小东咨询的过程及内容整合到"真我"金字塔模型中，形成了小东的生命蓝图。

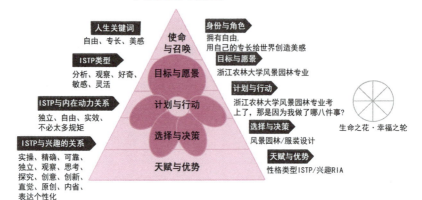

从个案运用中我们看到了"真我"金字塔的逻辑层次。

对于中学生涯教育来说,当我们把孩子的使命与天赋打通,孩子内在的小宇宙就开始启动并随时引爆,内在的动力被激发,每堂课的学习,无论是语文、数学、外语,还是物理、化学、生物、历史、地理、政治等,都与他的未来有关,他都会自觉自发地进行连接,把当下与未来打通。

我想表达的是,生涯教育是从一个人的生命角度去打通,去连接,而不仅仅是高中生学科的选择,大学生职业生涯的规划,或职场人职业生涯的发展。如果不从生命的内在去打通,去连接,我们短期内会感觉良好,靠我们后天的努力、刻意的练习,很有成就感(如学习成绩优异，奥数竞赛获奖，获得大学奖学金，找到一份高薪职业，得到老板的认可与晋升机会等），但长此以往，就会出现各种不适，如焦虑、恐惧，甚至抑郁。

从上述上下逻辑、左右逻辑、内外逻辑可见，"真我"金字塔模型自上而下、自下而上、自左而右、自右而左的走动与打通，就是"找自己"到"做自己"的过程，就是自我成长与自我实现的过程。这一过程，与其说是对高中学科、大学专业、未来职业的选择，倒不如说是对我们自身整个生涯及生命发展的设计与创造，是一种发明与建构，是一种安身立命的追寻。

生涯教育不仅要让孩子安身，更重要的是立命。高考改革，是国家的一项人才战略——期待未来全球的各个领域都有我们国家的精英和领袖，是一项让每个孩子立命的战略工程。

4. 对于"真我"金字塔模型的几点思考

第一，为什么要问中学生这么大的问题？小东同学的诉求不就是选学科、选专业与职业吗？（金字塔顶部）

这个问题的设计，一是为了连接，连接当下与未来，连接局部与整体。连接才能打通。打通当下与未来，打通局部与整体。

试想一下,当我们走进一间黑乎乎又充满霉味的房子时,会做什么?一定是第一时间打开门窗。但阳光能照到的地方有限,而散发霉味的时间也较长。最有效的方法是把整个房子的顶部打开,让阳光照到每一个角落。

打开天门,让阳光进来,空气自然流动。人也如此。

当下的选择与未来相关。未来我想成为怎样的人,要成为这样的人,当下我要如何选择。

二是为了聚焦,聚焦未来而不是过去,是成果导向而不是问题导向。

从下图中,你能看到,左边是关注过去,从因到果;右边是关注未来,从果到因。通常我们会说:"孩子,你的学习成绩排名在班级或年级某某位置,根据我们学校以往的排名,你只能考某某大学,学某某专业。"我们关注学生过去的学习状况,这种"从因到果"的思维模式,从某种意义上讲,是给学生的一种干扰,一种限制。

我们应该问："孩子，你未来想成为怎样的人？"并告诉孩子："之前的成绩排名只能代表昨天的你，昨天的你已经翻篇儿了。我们现在要关注的是今后的你，今天的你才刚开始。"这种"从果到因"的思维模式，是让孩子先成为，再行动，后拥有，会启动孩子内在的动力，引爆内在的小宇宙，让孩子看到未来的自己是怎样的，发现更多的可能性。

让孩子多一点可能性，少一点局限性。

第二，为什么要问中学生你想成为怎样的人，即身份与角色，而不是使命与召唤？

因为我们每个人在不同的阶段，对使命与召唤的理解与认同是不同的，面对的问题也不同。按照爱利克·埃里克森社会心理发展理论，12～18岁这个阶段的孩子，他们的生涯困惑是自我同一性和角色混乱的冲突。一方面是本能冲动的高涨会带来问题，另一方面是面临新的社会要求和社会冲突而感到困扰和混乱。所以，这个阶段的主要任务是建立一个新的同一感或自己在别人眼中的形象，以及自己在社会集体中所占的情感位置。

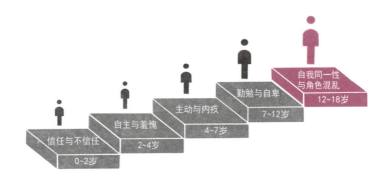

根据孩子不同阶段的不同需求,我们要给孩子真正需要的,而不是我们认为孩子需要的,才能满足孩子的需求,走进孩子的心里。

第三,人真的有天赋吗?如果有,如何发现?(金字塔底部左边)

每个人都有与生俱来的天赋,这个问题毋庸置疑。

爱因斯坦曾说:"每个人都身怀天赋,但如果用会不会爬树来判断一条鱼的能力,那它终其一生都会以为自己是个笨蛋。"而我们当下的教育体制,就是以每个人都必须接受统一的考试,即"请爬上那棵树"的标准来衡量能力。显然,爬树是猴的天性,而不是鱼的天性。

在当下的教育体制中,不就有"鱼"这样的孩子吗?老师说:"孩子,你要像猴子一样每天都去练习爬树。"

孩子说:"老师,我每天都很努力地练习,每天练习的时间比猴子多好多倍,可我就是爬不上。"老师说:"那是你还不够努力,不够刻苦。"孩子想:"我已经很努力了,我这么努力,老师都看不到。"最终的结果可想而知,孩子渐渐失去了信心,觉得自己就是个笨蛋,不是身体累趴下就是心累趴下,不是放弃就是逃避。

我们可以看到动物的天性,就是看不到人的天性。这个天,就是天赋,这个性,就是我们每个人内在的自性与根本之源,是与生俱来,人人皆有的。

生涯教育就是去唤醒,唤醒每个人本性具足的天性,让小鸟自由地飞,让鱼儿自由地游,让每个人顺应天性,自然生长,让孩子看到自己的独一无二和与众不同。一旦被唤醒,孩子内在的使命与天赋就打通了,当下所学的一切与未来想要成为的自己就会连接。

如何发现天赋呢?我们可以在以往的事件或故事中觉察与觉知,可以在日常的学习、生活及各种经历、体验中觉察与觉知,也可以借助叙事、性格类型的探索等发现天赋。我常常运用荣格的心理类型结合MBTI性格类型理论工具,帮助学生唤醒与开启他们的天赋。

第四，为什么大学及专业只确定一个，而不是多个？对于中学生来说，这么小就确定了大学及专业难道不会变吗？（金字塔第二层）

目的一，是让小东为大学选科做准备，发现与梳理在这一学科上已经呈现的天赋与潜能。比如，她从小对设计有感觉，可以进一步挖掘未来的学科专业潜能。比如，不断地观察或体验园林设计，从不同的设计风格中写出自己的体悟与感受，发表文章等。在这一过程中，打开了多元升学路径，为大学的自主招生或综合评价做足准备。

目的二，是让小东自如自信地选择高中选考科目。其实，这里有几个递进关系，高中生"6选3""7选3"或"3+1+2"不是问题，关键是如何科学、精准、有效地选择大学学科，即学科定位；确定一个大学及专业目标不是问题，关键是让孩子发现、创造、开拓更多的可能性。

目的三，是让小东聚焦，聚焦在自己的大学目标上。因为每个人的能量守恒，也就是说，我们的能量是既定的，如果不聚焦，就会散乱。只确定一个大学及专业目标，是为了让孩子聚焦。每个人聚焦在哪儿，能量就会流到哪儿。

第五,为什么用非标准化测试,而没有用标准化量表测试?

对于中学生,我不轻易使用测评工具,也不建议使用测评工具。在此也建议和呼吁从事中学生涯教育的工作者,不要对中学生随意运用测评工具,更不要过度或完全依赖测评工具。暂且不考虑各种测评工具的科学性、适用性,这个阶段的孩子,自我身份与角色混乱,自我同一性尚在建立中,自我概念尚未形成,不能以一个测评结果贴一个标签,不能以一个测评结果匹配他们未来的专业与职业。他们需要通过不断的经历与体验,在与外部世界及职业的连接中体悟、觉察、觉知,形成与发展自我概念。对这个阶段的孩子来说,建构论比特质匹配论更适合。

生涯教育的本质是唤醒,需要孩子的认知与体验,而测评工具无法替代。

如果当下的教育体制,暂时没有时间或更多的机会让中学生体验职业,但又迫切需要做出高中学科与大学专业的选择,我们可以借助已有的自我探索理论工具中非标准化测试帮助学生进行分析。课程设计可以用体验式的教学方法,个体辅导可以用叙事或成就事件等方法,帮助学生完成自我建构。我通常用非标准化测试做个案咨询和课堂教学,虽然会比量表测试费时费力一些,但学生更容易结合自身的学习风格与行为习惯,发现并觉察自己的性格类型与兴趣倾向。当然,这并不是说不可以用量表测试,如果某种测评量表适合学生,可以用标准化的量表进行测试,但测试后的结果一定要解读。切记!不要急于把测试结果告诉学生,以免先入为主。等到咨询结束后再给学生分析结果,这样更有利于他们在以后的生活、学习中,经历、体验中觉察、体悟。

目前实施高考改革的省市,很多学校因缺乏生涯专业老师,直接选用各类测评工具指导学生选科。有的学校甚至直接用测评工具替代学校的生涯教育,以解决学生选科和选专业的燃眉之急。如果过度强化与使用测评工具,完全依赖测评工具帮助学生选科,选择大学专业与未来职业,将是一件非常危险的事。

第六,除了中学生,"真我"金字塔模型对不同阶段的人都适用吗?

是的,都适用。在运用到中学生涯教育之前,我就已经在大学生涯和职场生涯教育与咨询中运用。我自己就是这样被唤醒的。

"我是谁？我想成为怎样的人？"我通过这些问题去探索。当我的三个人生关键词越来越清晰后，我更加明了我是谁——爱、助人、快乐。即用爱去助人成长，让他人和自己快乐！记得当初在探寻三个关键词时，我一下子愣住了。刚开始，有十几个词我都想要，为了厘清哪三个词是内心最有感触的，我画了一个圆，选出八个，对每一词按程度进行打分，最后选出分数最高的三个，如下图所示。

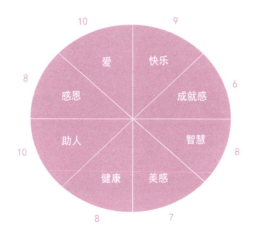

我想成为"用爱去助人成长，让他人和自己快乐"的人，我有哪些天赋与优势能帮助自己成为这样的人呢？当探索到自己的性格类型ENFP的天赋与禀性的关键词，和霍兰德兴趣倾向SAI的关键词时，我更明了自己能成

为怎样的人！"乐观、自然、自信、热情、灵感、创造性、前瞻、远景"和"乐观、助人、开放、信任、自由、表达、创造、创意、直觉"，这些关键词与我想成为的人如出一辙，而且性格类型和兴趣的职业倾向——心理咨询、教师、艺术或其他助人成长的工作等，也非常吻合与匹配。

我当下有哪些选择？继续当会计老师和经济学老师，考心理咨询师，在学校从事就业指导、心理辅导与咨询，做与助人或美感有关的创业项目，等等。

在诸多的选择中，我选择什么？记得2002年第一次给会计专业的学生做就业指导的讲座，学生的反馈是："李老师讲的就业指导课比她给我们讲的任何专业课都要好。"说实话，我的会计专业课也讲得不错，没有想到，就业指导讲座却成了我最好的课。这给我极大的鼓舞，也给了我信心。当然，我自己的感觉也特别棒，好像都是从心里流出来的，是灵动的、鲜活自在的状态。尽管当时学校没法把我的课时纳入正式的工作量，给予课酬，但我还是利用学生的晚自习时间，给他们讲就业指导。即使每次讲完课，十点多才回到家，我也感到快乐和有意义，因为找到了自己真正喜欢的事。

我根据自己的探索、实践经历与体验体悟，选择了从事就业指导工作。于是，我便走上了生涯教育之路，渐渐从一名会计专业老师转向生涯规划老师。

要当一名真正能帮助学生成长，帮助学生做好职业生涯设计的老师，那是因为我做了什么？当时，我对于职业生涯规划方面的知识知之甚少。于是，我寻找各种学习的机会，先是取得职业指导师中级和高级的认证，国家人才测评师的认证等，然后，系统学习西方的生涯理论与方法，包括帕森斯的特质因素论，霍兰德的职业类型理论，明尼苏达工作适应论，舒伯的职业生涯发展理论，克朗伯兹的社会学习理论，以彼得森为代表的认知信息加工理论，等等。这些理论帮助我设计并充实大学生涯规划的课程及内容，帮助我完成《职业生涯设计》教材的编写，帮助我在教学中指导学生进行自我探索、职业选择与生涯发展决策。之后我取得了国际生涯教练（CBCC）认证和全球职业生涯规划师（GCDF）认证，参加高校每年举办的各种研讨会和人力资源机构举办的人才交流会等，把新学到的教练技术运用到学生身上……

在生涯教育的路上，走着走着，就成为我现在的样子。

从我个人的生涯唤醒与成长发展过程中，也能清晰地看到"真我"金字塔模型的逻辑层次。

二 "真我"金字塔模型生发的"一三五"体系

模块	含义
一本质	唤醒
三重点	1.中学生涯教育的重点是找到自己，做自己，而不是别人 2.中学生涯教育的重点是开拓无限可能性，而不只是定位 3.中学生涯教育的重点是培养选择的能力，而不只是提高考分
五目标	1.自我建构 2.开启智慧 3.选择培养 4.探索目标 5.实现目标
五步骤	1.使命与召唤 2.天赋与优势 3.选择与决策 4.目标与愿景 5.计划与行动
五内容	1.找到真实的自己——我是谁?我想成为怎样的人? 2.带上天赋优势向前走——MBTI、多元智能、兴趣 3.连接外部世界——选择专业、职业并尝试与体验 4.我的生涯目标——大学目标、职业目标、人生目标 5.我的成长方案——如何实现目标与梦想

1. 一本质

"一三五"生涯教育体系，是由"真我"金字塔模型生发而成的，是根据一个人的成长规律建构的生涯教育体系，其背后的生涯教育本质是唤醒，唤醒也是教育的本质。唤醒什么？唤醒我们生命内在的那颗种子，那个自性，那个真我，那个存在。通过探索"我是谁，我想成为怎样的人，我的天赋禀性是什么"，唤醒与开启自己与生俱来的天赋禀性，呈现与彰显自己与生俱来的智慧，找到自己的特殊使命和注定要做的那一件事。

台湾作家林清玄在他的一篇文章中这样说："教育要唤醒孩子内心的种子。要根据孩子的特点来教育孩子，就是唤醒孩子内心的种子。好孩子是已唤醒内心种子的孩子，他们认识到了自我；坏孩子还没有唤醒种子，没认识到自我，还浑浑噩噩地活着。我算是唤醒了内心种子的人，从小学三年级就立志当作家，小学开始每天写500字，中学写1000字，高中写2000字，大学写3000字，我一直坚持下来，现在已经出了131本书。"

"真我"金字塔模型的顶部设计，是"我是谁？我想成为怎样的人？"底部设计，是"我的天赋与优势是什么？"使命与天赋的唤醒，就是对生命内在种子的唤醒，对生命内在存在的唤醒，对生命内在自性的唤醒，对生命内在本真的唤醒。用这样的发问与连接，唤醒身体的每个细胞，与心连接，与生命连接。

小东被我唤醒了，应该说是被生涯教育唤醒了。2019年1月，湖北省武汉市20个高一年级的孩子，通过三天的"发现自己，拥抱未来"冬令营被我们唤醒了。当孩子们绘制出自己的生命树时，表现出了被看到的喜悦，被唤醒的自信，被期待的坚定。

"当我看着自己的生命天赋优势树时，我看到了未曾看到的自己……"

"原来我们天生是如此不同……"

"难怪，我从小就喜欢看航天方面的书……"

"我是那么与众不同，独一无二……"

"我从小就喜欢化学，家里还有一个实验室呢……"

"我的空间和逻辑天赋很强，我也很厉害……"

"老师，我觉察到了，我对人的感觉和语言有天赋……"

每个人都是自己生命的专家,我们谁也不能成为孩子生命的专家,我们能做的就是去唤醒。生涯教育的本质,就是唤醒每一个孩子,唤醒每一个生命。

2. 三重点

这三个重点,是我在大学和职场生涯教育与咨询中体悟到的。在新高考背景下,我又在中学生涯教育中不断实践与探索,体验与体悟更深,我认为第三点对中学生涯教育尤为重要。

三重点

1 **找到自己,做自己** 而不是别人 | 2 **开拓无限的可能性** 而不只是定位 | 3 **培养选择的能力** 而不只是考高分

(1)找到自己,做自己,而不是别人

当一个人找不到自己时,又如何做自己?这辈子不做自己,我们还能做谁呢?别人都已经有人做了,我们只能做自己。只有明了我是谁,我想成为怎样的人,才能建构属于自己的世界。

教育的改革与发展,让学生做自己成为可能。2017年,北京十一学校联盟总校校长李希贵曾说:"从今年的高考志愿填报这样一个视角,我们也看到了希望,五年前我们的学生在高考填报志愿的时候,大概有80%的学生聚焦在20%的热门专业。今年我们400多个学生参加高考，他们报考的志愿，第一专业我统计了一下，涉及80%的大学专业领域。这说明一个什么问题？就是我们的学生慢慢找到了自己，慢慢唤醒了自己，慢慢走向了更加适合自己未来潜能的专业之路。这是我们感到非常欣慰的。"

我们只有真正做自己时，才能身心合一；只有身心合一，才能产生巨大的能量，更好地与外部世界建立连接，从而爆发能量。

人的痛苦来自哪里？其实是不能成为真实的自己。而不能成为真实的自己，又源于找不到自己，不知道自己的使命是什么，不知道自己与生俱来、独一无二、与众不同的天赋是什么。

我曾经担任职场人士梦想训练营的导师，有个环节是提问，我把问题综合起来，发现所有的问题、困惑与痛苦都与找自己和做自己有关，即找不到自己和做不了自己两大类问题。做不了自己是因为找不到自己，找不到自己的使命与天赋。而找到了自己，又不知道如何实现自己，这是受行动力与心智模式的影响与干扰所致。而找到了自己，也实现了自己，但又不是真正想成为的那个自己，这是因为找到的自己根本不是真实的自己，或者想要成为的自己，最后还是要回到自我探索的阶段。

找不到自己——不知道"我是谁""我想成为怎样的人"

找不到自己——不知道"我想要什么""我的梦想、目标、愿景、天命是什么"

找不到自己——不知道"我的天赋是什么""我的兴趣是什么"

找不到自己——有目标却难于落实行动，有梦想却不知如何实现

做不了自己——时间管理与人际关系问题

做不了自己，但不是自己想要的——自我实现，但实现的不是想要成为的那个自己

（2）开拓无限的可能性，而不只是定位

对自我认知及外部世界有更多了解并建立连接后，学生站在一个较高点时所看到的风景会不同，看到自己选择的可能性会更多。如果把这个高点当作学生期待的结果或成果，那么，这个点的位置就叫作"果"位。学生站在不同的"果"位上，看到达到这个"果"位的路径是不同的。站在山脚下，可能只看到一条路；站到山坳时，看到的就不只是一条路了；站到山顶时，就会一览众山小，也将看到更多通达的路径。

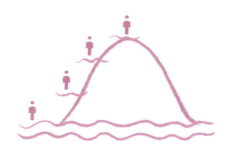

在我的咨询案例中，就有这样一位高二男孩，想读宁波大学师范类心理学专业，但成绩不理想，年级排名中等偏下。按照学校以往的排名，他没有考上的可能性。我告诉孩子："试着想两年后你就站在宁波大学的校园里，回头看高二高三这两年，那是因为你做了什么？"孩子告诉我："那是不可能的，绝对不可能，肯定不可能。"连续说了三个不可能。我告诉孩子："想想又不花钱，你连想都不敢想，那就真的没有可能了。"孩子无奈地说："那好吧！"我请他写下如果考上了宁波大学，那是因为他做到了哪 5～8 个方面的事，画一个平衡轮，把它们写下来。结果孩子写了 7 个方面。咨询了近两个小时，快要结束时，孩子看着平衡轮说："如果这 7 件事都做好了，华东师范大学我也能考上了。"本来到了咨询结束的时间，但这个男孩没有想要结束，又继续说，他从小最大的梦想是考北京大学读教育学。因为学习成绩不好，这个梦想便成了小时候的一个幻想，上中学后，也就遗忘了。现在他渐渐看到了，如果这 7 个方面都做到了，再加一个方面，在这 8 个方面再努力一些，还是有可能考上的。

我经常让孩子先站在"果"位上，看到风景，看到更多的可能性,然后一步步行动。这种方法叫"倒果为因"法。在小东的案例中,我用的就是"倒果为因"法,帮助小东实现了梦想。

每当面对学习成绩不理想,又希望成绩有所提升的孩子,我在给他们做生涯咨询时,会先帮助他们找到期待的结果或成果,让他们站在"果"位上,回头看自己,那是因为自己做了什么,从而让孩子动起来,思想动起来,再落实到行动中。如果直接用性格、兴趣、潜能等维度帮助孩子自我探索,他们会因缺乏生活经历与体验,没有明确反应。最有效的方式就是让他们行动,在行动中发现与觉察,在行动中获得体验,在体验中觉察并发现更多的可能性。

(3)培养选择的能力,而不只是考高分

选择是一种能力。人生本来就是要不断地进行选择,而且是多项选择。生涯教育就是要培养学生选择的能力。同时,选择也是一种责任。每个人都要为自己的选择负责任。所有选择的决策权掌握在自己手中,而父母、老师、同学等只能提出建议。

高考改革的最大亮点是把选择权还给了学生,赋予学生更大的学习选择权,赋予学生更多的时间与机会选

择大学与专业。这也是高考改革的初衷之一。所以，中学生涯教育的重点是让孩子学会选择自己的未来。

就如同出国留学考托福、雅思、GMAT、GRE等一样，我们需要根据所选国家和学科的要求做出选择并准备。就像进某家外企，面试题就是托业考试或需要托业成绩做参考一样，我们需要做出选择并提前准备。

高考改革，终于有机会让"小鬼"当家，但这些"小鬼"当得了这个家吗？事实上很难。在十几所中学的家长课堂，我给孩子的家长讲如何选择与规划，有的家长学历比较高，也有的学历不高。我发现，学历较高的家长，比较有主见，自我意识较强，孩子拗不过家长，家长起决定性作用；学历较低的家长，往往把选择权都交给孩子，孩子也不知道如何选择，又把选择权交给老师。

在当下的教育体制和成长背景下，孩子大多缺乏选择能力。孩子不是不会选择，而是从小到大被家庭、学校和社会替代了，渐渐失去了选择的能力。同时，也被单一的考试评价标准掩盖了。孩子从小不缺目标，有中考、高考的目标，然而一旦考上大学，就真正没有了目标。

我们需要让孩子学会"既见树木又见森林"的系统思考能力，帮助孩子更好地理解自我、自我与他人、自我与世界的三重关系，引导孩子在关注局部的同时纵观整体，从看事物的表面到洞察其变化背后的原理，认识到各种因素间的相互影响，理解事物背后复杂的因果关系，把控事物发展的趋势，进而寻找动态的平衡。

这就不难理解，为什么说高考改革看似定位，其实不是。高考改革让中学生涯教育成为现实，是从"找分数"到"找自己"的改变过程，是提升自我效能感的过程，是让孩子看到自己未来更多可能性的过程，是立足自己，拥抱变化万千的世界的过程。

3. 五目标，五步骤，五内容

（1）五目标

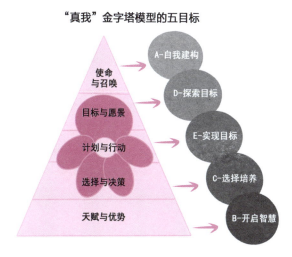

"真我"金字塔模型的五层次生发五目标。

自我建构：通过自我认知，身份与角色的认同，形成自我同一性。

开启智慧：通过发现独一无二、与众不同的天赋，让先天智慧彰显；通过后天选择，经过专业知识、技术的学习与培养，形成后天的智慧与能力。

选择培养：通过对所选专业进行各种尝试与体验，在不断与外部世界及职业的连接中形成与发展自我概念。

探索目标：让当下与未来连接，让每一门学科的学习，从事的每一件事与高中学业目标、大学目标、职业目标及未来发展连接。让学生从被动学习到主动学习。

实现目标：用倒果为因的方法，先成为，再行动，后拥有，去实现高考目标和人生梦想，最终成为自己。

五目标中，自我建构目标是生涯教育的核心目标。只有在自我建构的基础上，才能在不断的成长经历中形成自我同一性和自我概念，最后形成自我效能。

比如，在小东的园林梦案例中，金字塔顶部的问题是"我是谁，我想成为怎样的人"，答案是"拥有自由，用自己的专长给世界创造美感的人"，对应的目标是自我建构。

不同阶段的孩子，自我建构的内容是不同的。中学阶段的孩子，其生涯困惑是自我同一性和角色混乱。所以这个阶段的孩子自我建构的重点应放在身份与角色上。

对于自我建构与自我概念，在舒伯（Super）的理论中，无论是早期的生涯发展论还是晚期的生涯建构论，都强调人的个体差异，以及与之相适合的生涯发展阶段、生涯角色、生涯模式、生涯成熟等。其理论最核心的就是自我概念。舒伯早期的观点认为，职业选择与生涯发展的历程，就是自我概念发展与实践的历程。舒伯晚期则逐渐认定，自我概念的形成是个人对自我与情境的主动建构历程。

所以，中学生涯教育的核心目标是自我建构。让孩子个人与社会因素之间，自我概念与现实之间不断建立连接，不断领会和调整，不断将理解到的自己融入学习与职业体验中，在学习与职业体验中实践自我。这个过程就是一个主动建构的过程。

（2）五步骤

"真我"金字塔模型的五层次生发五步骤。

第一步，使命与召唤。可以问学生：你是谁？你未来最想成为怎样的人？

第二步，天赋与优势。可以问学生：要成为这样的人，你有哪些与生俱来、独一无二的天赋禀性？有哪些兴趣爱好与潜能？除了内在优势资源，还有哪些外在资源可借力、可支配、可运用？

第三步，选择与决策。可以问学生：要成为这样的人，根据天赋与优势，你有哪些选择？在选择的可能性中如何决策？未来职业、大学专业及高中学科该如何选择？需要哪些经历与体验？

第四步，目标与愿景。可以问学生：要成为这样的人，大学读什么专业，从事什么职业最能达成你想要的结果？你的大学及专业目标是什么？你的高中学业目标是什么？如果只确定一个大学及专业目标会是哪个？

第五步，计划与行动。可以问学生：如果你的每一个目标都实现了，那是因为你做了什么？还要做什么吗？你是如何行动的？如果今天就开始行动，你会从哪件事开始做？如果每天只做三件事，会是哪三件？

但五步骤没有固定的先后次序，因为每个人的状况不同，所处的阶段不同。如果学生不清楚自己是谁，想成为怎样的人，更不了解自己的天赋与优势，那么，我们就要从金字塔左边开始，一步步进行。如果学生很清楚自己想读什么专业，上什么大学，只是对这些专业和大学不了解,那么,我们只要给他们提供相应的机会,连接大学与职场的资源即可。如果学生很清楚自己想成为怎样的人,知道自己要什么,具有哪些天赋与优势能支持自己成就未来,那么,我们只要从金字塔右边去帮助他们厘清如何实现即可。

(3) 五内容

"真我"金字塔模型的五目标与五内容

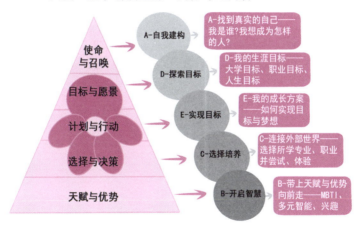

"真我"金字塔模型的五层次生发五内容。

使命与召唤——找到真实的自己。我是谁?我想成为怎样的人?

天赋与优势——带上天赋与优势向前走。MBTI性格类型、多元智能、兴趣倾向。

选择与决策——连接外部世界。选择所学专业、职业并尝试、体验。

目标与愿景——我的生涯目标。大学目标、职业目标、人生目标。

计划与行动——我的成长方案。如何实现目标与梦想。

第二部分

↓

唤醒生涯
——行在深处

一 唤醒生涯从现实问题与需求出发

生涯教育既要考虑生命的成长与发展问题，又要考虑生命的现实问题与需求。对于中学生、大学生来说，尤其是实施高考改革后，中学生的选考选科在高一就要完成，他们有哪些现实问题与需求呢？我把中学生的问题进行了系统的整理，并从他们的现实问题和需求出发，看到问题背后的期待，并找到我们应该关注的点，结合"真我"金字塔模型的五步骤，设计了八堂生涯课，提出了解决问题的针对性策略。如右侧上表所示。

从分析学生的现实问题和需求，到找到解决问题的策略，都可以归纳到"真我"金字塔模型的五步骤、五目标、五内容中，所设计的课程也与"真我"金字塔模型完全吻合。如右侧下表所示。

五步骤	学生的现实问题与需求	问题背后的期待与关注	解决策略 课程内容与设计
A 使命与召唤	・不知道如何选科，选考，选专业选大学，选职业，选未来 ・不知道自己想成为怎样的人 ・……	自我建构与自我概念 ——提升生涯自觉	第一讲 找到我是谁
D 目标与愿景	・这是我想要实现的目标吗？我实现了吗？ ・我想成为怎样的人？ ・……	自我评估与觉察反思 ——提升生涯自省	第七讲 畅想未来之路
E 计划与行动	・有目标，不能持之以恒，怎么办？ ・这么多的目标，从哪儿开始最有效？	自我管理与行动计划 ——提升生涯自主	第八讲 建构成长方案
C 选择与决策	・这么多的大学专业该如何选择？ ・选择大学与选择专业哪个重要？	自我效能与自我信念 ——提升生涯自信	第五讲 连接外部世界 第六讲 统整资源
B 天赋与优势	・现在的成绩不理想，好的大学想也不敢想 ・我有哪些天赋与优势？ ・……	自我效能与自我信念 ——提升生涯自信	第二讲 发现天赋 第三讲 探寻潜能 第四讲 揭示兴趣

五步骤	五目标	五内容	课程内容与设计
A 使命与召唤	自我建构	找到真实的自己	第一讲 找到我是谁
D 目标与愿景	探索目标	我的生涯目标	第七讲 畅想未来之路
E 计划与行动	实现目标	我的成长方案	第八讲 建构成长方案
C 选择与决策	选择培养	连接外部世界	第五讲 连接外部世界 第六讲 统整资源
B 天赋与优势	开启智慧	带上天赋与优势向前走	第二讲 发现天赋 第三讲 探寻潜能 第四讲 揭示兴趣

二 唤醒生涯的课程内容与设计

我从"真我"金字塔模型的五步骤、五目标、五内容出发,针对不同的教学对象设计了不同的课程内容。

1. 中学生涯教育的八堂生涯主题课

八堂课	内容提纲
第一讲 找到我是谁	1. 我是谁?我想成为怎样的人? 2. 在身份与角色探索的体验活动中,建立自我同一性
第二讲 发现天赋	1. 看一看我的天赋禀性与与众不同之处 2. 找一找我的性格密码及性格密码背后的我 3. 悟一悟发现与觉察到的我 4. 借力天赋秉性,选科、选考、选专业 5. 在性格探索的体验活动中,体验、觉察自我,形成自我同一性和自我概念
第三讲 探寻潜能	1. 我后天习得的技能、优势有哪些? 2. 认识多元智能,挖掘和培养潜能 3. 借力多元智能,选科、选考、选专业 4. 在智能探索的体验活动中,体验、觉察自我,形成自我同一性和自我概念
第四讲 揭示兴趣	1. 我的兴趣及可能成为的乐趣与志趣有哪些? 2. 玩转"兴趣岛",如何从生活兴趣看到职业兴趣? 3. 借力兴趣倾向,选科、选考、选专业 4. 在兴趣探索的体验活动中,体验、觉察自我,形成自我同一性和自我概念
第五讲 连接外部世界	1. 中国大学知多少 2. 如何科学理性地认知与探索专业(类)? 3. 缤纷职业大世界 4. 如何科学理性地认知与探索职业? 5. 在专业与职业及资源探索的体验活动中,形成自我同一性和自我概念,提升自我效能
第六讲 统整资源	1. 我的自身资源及关联 2. 我的外在资源及整合 3. 在统整资源的体验活动中,提升自我效能
第七讲 畅想未来之路	1. 我的生涯目标——高中学业、大学专业、未来职业 2. 绘制天赋优势树 3. 描绘愿景板 4. 我的未来之路 5. 在目标探索的体验活动中,形成自我同一性和自我概念,提升自我效能
第八讲 建构成长方案	1. 绘制生命蓝图 2. 让生命之花·幸福之轮转起来 3. 让当下与未来连接,落实于每一天的行动中 4. 实现梦想,走在成为自己的路上

注:每个学校可以根据实际情况,灵活调整教学课时。

这是一门每个人都可以学会的生涯课,其信念源于"每个人都是自己生命的专家"。通过这八堂生涯课的学习,既能解决学生的现实问题,也能解决家长和老师的现实需求,让每个人都成为自己的生涯导师。

那么,八堂课程的内容如何设计?如何实现"真我"金字塔模型的五目标?我将在后文"唤醒生涯,步步为营"中展开,带领学生、老师、家长从不同的角度成为生涯导师。

如果你是学生,通过学习可以自己选择高中学科、大学专业、未来职业以及想拥有的生活方式,成为自己的生涯导师和生命专家。

如果你是老师,通过学习可以把学到的内容运用到生涯教学、班级管理、学科渗透中。帮助学生学会选择,成就学生的梦想,成为自己和学生的生涯导师。

如果你是家长,通过学习可以有方向地引导孩子,有效陪伴孩子,理解和懂得孩子,助力孩子幸福成长,成为孩子的生涯导师和生命教练。

2. 中学全员生涯导师培训课程

主题	知 理论、体系、方法	行 授课、说课、拆课
中学生涯教育的理论、模型、体系及目标	中学生涯教育的理论、模型、体系及目标 1. 中学生涯教育的理论与模型 2. 中学生涯教育的本质与思路 3. 中学生涯教育的体系与目标	
自我建构 唤醒身份与角色	如何帮助学生自我建构？ 1. 如何找到身份与角色 2. 身心连接想成为的人 3. 从果到因，成为自己想成为的人	找到我是谁 1. 我是谁？ 2. 我想成为怎样的人？ 3. 在身份与角色探索的体验活动中，建立自我同一性
开启智慧 发现天赋禀性	如何开启学生的天赋优势？ 1. 天赋优势与幸福生涯 2. 如何发现学生的天赋优势，助力幸福成长？ 3. 天赋优势与高中学科、大学专业和未来职业的选择	发现天赋 1. 看一看我的天赋禀性和与众不同之处 2. 找一找我的性格密码及性格密码背后的我 3. 悟一悟发现与觉察到的我 4. 借力天赋秉性，选科、选考、选专业 5. 在性格探索的体验活动中，体验觉察自我，形成自我同一性和自我概念
开启智慧 揭示兴趣优势	如何揭示学生的兴趣倾向？ 1. 兴趣优势与幸福生涯 2. 如何揭示学生的兴趣类型？ 3. 兴趣类型与高中学科、大学专业和未来职业的选择	揭示兴趣 1. 我的兴趣及可能成为的乐趣与志趣有哪些？ 2. 玩转"兴趣岛"，如何从生活兴趣看到职业兴趣？ 3. 借力兴趣倾向，选科、选考、选专业 4. 在兴趣探索的体验活动中，体验觉察自我，形成自我同一性和自我概念

（续）

主题	知 理论、体系、方法	行 授课、说课、拆课
开启智慧 探寻潜能优势	如何探寻学生的多元智能 1. 多元智能与幸福生涯 2. 如何探寻学生的多元智能？ 3. 多元智能与高中学科、大学专业和未来职业的选择	**探寻潜能** 1. 我后天习得的技能与优势有哪些？ 2. 认识多元智能，挖掘和培养潜能 3. 借力多元智能，选科、选考、选专业 4. 在智能探索的体验活动中，体验觉察自我，形成自我同一性和自我概念
选择培养 连接职业世界与资源	打开大学专业之门，连接外部职业世界 1. 专业认知与职业探索 2. 大学专业设置解析与选择技术 3. 探索家庭及社会资源	**连接外部世界** 1. 中国大学知多少 2. 如何科学理性地认知与探索专业（类）？ 3. 缤纷职业大世界 4. 如何科学理性地认知与探索职业？ 5. 在专业与职业及资源探索的体验活动中，形成自我同一性和自我概念，提升自我效能 **统整资源** 1. 高校招生的类别与升学路径 2. 描绘家庭及社会的"资源风车" 3. 探索和挖掘可借用的家庭及社会资源 4. 在高校、家庭与社会资源探索的体验活动中，提升自我效能

（续）

主题	知 理论、体系、方法	行 授课、说课、拆课
探索目标 人生设计路线图	综合运用生涯理论及工具，建构生命成长之路 1. 绘制天赋与优势树 2. 描绘愿景板 3. 看到通达目标的线路	**畅想未来之路** 1. 我的生涯目标——高中学业、大学专业、未来职业目标 2. 描绘天赋与优势树 3. 建构我的未来之路 4. 在目标探索的体验活动中，形成自我同一性和自我概念，提升自我效能
实现目标 梦想起航	如何帮助学生在自我建构中实现大学目标与人生梦想？ 1. 绘制生命蓝图 2. 如何让生命之花·成幸福之轮转起来 3. 设计成长方案	**建构成长方案** 1. 绘制生命蓝图 2. 让生命之花·幸福之轮转起来 3. 让当下与未来连接落实于每一天的行动中 4. 实现梦想，走在成为自己的路上 5. 在目标实现的体验活动中，形成自我同一性和自我概念，提升自我效能
生涯教育在班级管理中的运用	生涯教育在班级管理中的运用（一线老师）	设计一堂生涯课 ——生涯主题班会课
生涯教育在学科渗透中的运用	生涯教育在学科渗透中的运用（一线老师）	设计一堂生涯课 ——生涯学科渗透课

这是针对全校老师设计的一门即学即用的"知行"课程。既讲述生涯理论、体系、方法，又采取讲课示范、说课思路、解课根基、拆课碰撞相结合的方式，实现由"知"到"行"的过程，达到"以行生慧"的目的，让理论身心化，让身心理论化，真正实现知行合一。

3. 中学生涯训练营课程（破冰、团建）

课程 / 活动形式	内容
使命与召唤 身份与角色	**真实自我早重逢** 1. 我是谁？ 2. 我想成为怎样的人？
天赋优势 MBTI	**天赋秉性早看到** 1. 我独一无二的天赋秉性是什么？ 2. 与当下的学习生活和人际交往连接，觉察、体验到什么？ 3. 与身份角色连接，觉察、体验到什么？
潜能优势 8MI	**潜能优势早发现** 1. 我后天习得的技能与优势有哪些？ 2. 认识多元智能，挖掘和培养潜能 3. 从智能体验活动中觉察到什么？与天赋秉性和兴趣有哪些连接？
兴趣优势 SDS	**兴趣志趣早了解** 1. 我的兴趣及可能成为的乐趣与志趣有哪些？ 2. 玩转"兴趣岛"，如何从生活兴趣看到职业兴趣？ 3. 从兴趣体验活动中觉察到什么？与天赋秉性有哪些连接？
外部世界 活动形式：18个星球闯关记	**外部世界早连接** 1. 中国大学知多少 2. 如何科学理性地认知与探索专业（类）？ 3. 缤纷职业大世界 4. 如何科学理性地认知与探索职业？
定位学科 咨询	专家团队一对一 / 家庭咨询
人生设计路线图 大学、专业、路径	**社会资源早知晓** 1. 高校招生的类别与升学路径 2. 描绘家庭及社会的"资源风车" 3. 探索和挖掘可借用的家庭及社会资源 **未来之路早规划** 1. 我的生涯目标——高中学业、大学专业、未来职业目标 2. 描绘天赋与优势树 3. 我的未来之路

(续)

课程/活动形式	内容
梦想起航 建构成长方案	**成长之路早起航** 1. 绘制生命蓝图 2. 让生命之花·幸福之轮转起来 3. 让当下与未来连接落实于每一天的行动中 4. 实现梦想，走在成为自己的路上

注：这是三天两晚的训练营课程，时间允许也可以安排3~5天的训练营。

这是学生的训练营课程。通过三天两晚的体验，学生可以发现自己、看到自己，以更多的接纳与认可、自信与自律，拥抱未来。

上述三门课程是针对不同的教学对象设计的不同课程内容。如果要解决学生的生涯共性问题，则需要生涯教学与辅导；如果要解决学生的生涯个性问题，则需要生涯咨询与诊断；如果要解决学生的生命成长问题，则需要生涯融合与通达。

三　唤醒生涯的教学法

"教"的三个层次	形传	心传	神传
"学"的四个层次	感官学与大脑学 核心是"练"	心学 核心是"接"	生命学 核心是"融"

教学相长，"教"与"学"息息相关。"教"与"学"分别有不同的层次。

"教"有三个层次：形传、心传、神传。所谓形传，是指通过动作、姿势、文字和图片等方式把人类的知识、技能和经验传授给他人。所谓心传，是指师生之间、师徒之间，在心心相印、生命相通的基础上，老师把知识、学问、智慧、能量等一切成就和成果，通过用心传输的方式传给学生或弟子。所谓神传，是指获得我们内在生命的自性本体或存在真理的启示、觉醒。

"学"有四个层次：感官学、大脑学、心学、生命学。感官学是最浅表的学习，只用到眼睛和耳朵，所学内容仅仅抵达我们的感官。大脑学是用脑学习，即机械地、生硬地将所学内容强行记在脑中。应试教育下的学生，多数都是如此学习的。考试完毕后，所学知识就会很快忘掉。心学是真实地喜爱所学的知识，将饱满的情感深入地投注于学习过程之中。生命学是将整个身心、整个存在、整个生命投入学习之中。

用感官和大脑学习，其核心是"练"，用身体和头脑不断练习；用心学习，其核心是"接"，用心接受；用生命学习，其核心是"融"，就是融入生命之中。

在课程的教学中，我们会将"教"的三个层次和"学"的四个层次有效地结合并运用。其内容都是运用体验、故事、分享、觉知、实践等方式讲授，用情境化、叙事化、生活化、连续性和创造性开启孩子的感官、大脑、身心，乃至生命。

我在2017—2018年做了一年多的中学全员生涯导师培训课程后，发现一些老师回去还是不知道从哪儿下手，对于课程的内容及设计更是摸不着头脑。2018年年底，我开始专门设计"中学全员生涯导师培训课程"，把"知"与"行"内容的每个模块分为四个部分。如下表所示。

模块内容	讲课示范	说课思路	解课根基	拆课碰撞
时间分配	40分钟	20分钟	90分钟	30分钟

从传统的形传教法转化为心传教法,从习惯的感观和大脑学习方法转化为心学方法。

截至2019年12月,该课程已举办了10期,每期人数在100人左右。参加课程的老师,角色随时互换,一会儿当学生——40分钟的示范课全是体验式的课程设计,一会儿当老师——90分钟的解课部分需要老师理解每个内容背后的理论根基及实操运用。上完培训课程后,有的老师能照着讲,即照着设计好的课件内容原封不动地讲;有的可以接着讲,即在设计好的课件内容基础上,结合自身对生涯教育的理解和教学经验接着讲。即学即用,效果明显。

在第一次尝试三天两晚冬令营课程时,我发现孩子们第一天的学习都没有进入状态。因为他们习惯用感官学习,习惯用大脑学习。

我感受到,如果我们的教学以传播理论、知识、技能、方法为主,只停留在形传的层面,孩子们也只能停留在感官与大脑的学习层面。尽管我们的课程设计已经跨越这个层面，但孩子们需要一个适应的过程。于是我们从"打开"入手，让场域"流动"；用心传递，让情感"连结"；用眼神对话，让心与心"交融"。通过打开、流动、连结、交融走进孩子们的心里，让孩子们的身心都融入进来，并彼此连结。当孩子们渐渐地用身心学习时，他们将以饱满的激情全身心地投入，整个身心开始变化，眼睛变得清澈明亮，笑容也更灿烂可爱。

到了第二天下午，每一个孩子都回到了他们生命最本真的状态，童气十足、底气十足。此时的学习，是在用生命学习，快乐、自在、自如、自性，如其所是，本性自如。我想这种学习方式便是最高层面的学习，是我最想要让孩子们达到的状态。

其实，不光是孩子，老师的学习也一样。

老师"教"的三个层次与学生"学"的四个层次，两者如何有效融入，如何找到契合点，对老师的教学效果和学生的成长至关重要。这也是"教"与"学"的核心所在。

我想表达的是，生涯教育是一个生命的全人全程教育。完全运用技法不行，要靠心法，并有效地将技法与心法结合，融入我们的生涯教育之中。

四　唤醒生涯，步步为营

结合前文所讲的"真我"金字塔模型的五步骤、五目标、五内容，及课程内容与设计，让我们一起，唤醒生涯，步步为营。

五步骤	五目标	五内容	八堂课
A 使命与召唤	自我建构	找到真实的自己	第一讲 找到我是谁
D 目标与愿景	探索目标	我的生涯目标	第七讲 畅想未来之路
E 计划与行动	实现目标	我的成长方案	第八讲 建构成长方案
C 选择与决策	选择培养	连接外部世界	第五讲 连接外部世界 第六讲 统整资源
B 天赋与优势	开启智慧	带上天赋与优势向前走	第二讲 发现天赋 第三讲 探寻潜能 第四讲 揭示兴趣

1. 第一步，使命与召唤——找到真实的自己

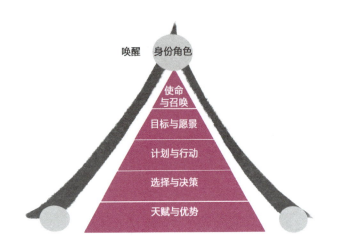

从头部唤醒使命与召唤。在课程中，我们设计了"找到我是谁"这一主题。

在我的教学与咨询经历中，问学生想成为怎样的人，80%以上的学生都不知道自己想成为怎样的人。他们只知道自己不要什么，不知道自己想要什么，这与他们的教育背景和成长环境有关。

如何找到真实的自己？我通常会用下列三种方法。

（1）运用内心看重的关键词定义自我身份与角色

第一，罗列出积极正向的词，如下所示。

请学生在这些词中找出对自己内心最有触动的3个

人生关键词。如果在这里找不到，而自己内心有想写的，只要是正向积极的都可以。

独立	和平	爱	财富	宁静	智慧
自由	快乐	助人	挑战	美感	权力
同情	慷慨	真理	成长	忠诚	安全感
真诚	勇敢	感恩	健康	阳光	负责任
激情	专长	和谐	善良	果敢	成就感

第二，让学生把找出的 3 个人生关键词，分别与身心连结。体会身体与心的感受，身体是最真实的，不会说谎。

连接一：当我_____时，我身心合一

连接二：当我_____时，我身心合一

连接三：当我_____时，我身心合一

这个过程就是唤醒身心的过程

第三，让学生把 3 个词连起来，写出一句最有力量的宣言，不超过 25 个字。

比如：

我是一个平和、快乐、负责任的人！

在宁静中，我用自己的专长探索真理！

我用爱助人成长，让他人和自己快乐！

这个过程就是唤醒身心的过程

第四，让学生大声说出他想成为怎样的人，并告诉身边所有人，如同人生宣言。

第五，请学生分享，写下这句话时的感受，轻声默念这句话时的感受，与同桌互相交流时的感受以及向所有人大声宣告时的感受。

在这个环节中，有的学生会把这句话写成我希望/我将来/我期待成为怎样的人。这是不符合课程设计初衷的，我的初衷是让学生现在就成为。尽管现在还没有，但可以先站在"果"位上，从果到因，先成为，再行动，后拥有。有的学生会说，他不敢大声说出来，因为他现在还不是。此时，我会让学生尝试着说。有的学生说出来时，内心感觉有一股力量，对自己更有信心，但也有个别学生会感到更加不自信，甚至有点自卑。这时，我会让学生去体验、去看到、去倾听这个不自信或自卑背后更深层的影响因素。在这个环节，学生体验到了从未有过的感觉，见到了未曾见过的自己。体验、觉察、觉知，看到、接纳、认同，也是一种成长，而且是内在的成长。

这种方法不仅适用于个体咨询和团体生涯辅导，而且适用于生涯课堂教学和主题班会。

（2）运用早期记忆回忆"我是谁""我想成为怎样的人"

我会让学生回忆 3 件 6 岁前的事情，通常一个人记忆最早的事，或最深的事，都是他的生命隐喻。所以，不能听家人的转述，只能靠自己回忆。

2017 年，我做"如何成为你自己"的工作坊。有一位学员在课程结束当天专门给我发了微信，他从小时候的画面中回忆起他想成为的人，是骑单车周游世界。现在的他，虽然已是两个孩子的爸爸，但每年都会利用两个月的时间骑单车周游世界。现在的他就是自己小时候想成为的人。

（3）从天赋中探索身份与角色

我会运用荣格的心理类型理论，借助 MBTI 性格类型测评工具，分析学生的性格（心理）类型。从其性格类型的发展，意识的分化和功能的显现，探索他们的身份与角色——"我是谁""我能成为怎样的人"。

据美国保罗·D.蒂格和巴巴拉·巴伦的研究，从 6 岁开始，儿童的主导功能逐渐显露；从 12 岁开始，辅助功能逐渐加强；从 25 岁起，第三功能开始发展；到 50 岁以后，低级功能开始更成功地运用。

功能的发展过程,就是意识的分化过程。主导功能,即最优势的功能,是最早显现(分化)出来的。由此,我们可以从主导功能显现的优势中发现"我是谁"。辅助功能和第三功能,是紧随其后显现(分化)出来的,如同我们的左右手,要去拥抱这个世界,为这个世界做些什么。由此,我们可以从辅助功能和第三功能显现的优势中探索"我能成为怎样的人"。

比如,性格类型为 ENFP 的人,其主导功能是外向直觉。我是谁?我是一个"敏感关注外部世界各种可能性的人"。其辅助功能是内向情感,第三功能是外向思考,我能成为怎样的人?我能成为一个"用内在道德准则和价值观客观、公正地分析,并帮助他人成长与发展的人"。

上述三种找到真实的自己的方法中,后两种方法适合个体咨询。

其实,静心是连接内在、寻找真我最有效的方法。但我们很难要求一个孩子保持静心,即便是成人也很难做到。哪怕看似在静坐,但内心还是不平静。所以,我在设计课程时,融入了静心和觉知的部分,以体验式的方法,让学生在体验中保持静心、觉知,进行体悟、洞察。

这一步完成的是第一个目标——自我建构。通过自我认知，身份与角色的认同，形成自我同一性和自我概念。

2. 第二步，天赋与优势——带上天赋与优势向前走

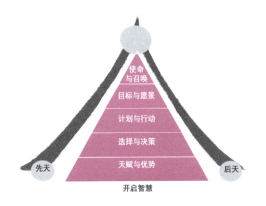

从双脚开启智慧，即开启先天智慧和后天智慧。先天智慧是指与生俱来的天赋禀性，后天智慧是指经过各种学习、经历、体验后所生成的智慧。在课程中，我们设计了发现天赋、探索潜能、揭示兴趣等主题，以开启智慧。

我们会运用荣格心理类型理论，以及由凯瑟琳·布里格斯 (Katharine Briggs) 和伊莎贝尔·迈尔斯 (Isabel Myers) 母女俩在荣格心理类型理论的基础上开发研制的 MBTI 性格类型测评工具，去"发现天赋"；运用霍华德·加德

纳的多元智能理论,去"探索潜能";运用霍兰德的类型理论,去"揭示兴趣"。

这些理论及测评工具在西方运用非常成熟,在我国的职场和大学中运用也有十几年时间。但运用到中学生身上,需要考虑中学生的成长环境与教育背景。对中学生来说,最好的探索方法是去参与、经历、体验各种活动或职业。但在学生成长过程中生涯教育严重缺失,加上现行教育模式在新旧高考体制下的交汇与磨合,学生没有那么多时间和机会去经历与体验。然而在高一阶段就要做出学科选择,所以我们要运用相关的生涯理论及工具,结合体验式教学方法和非标准化测试方式,让学生有意识、有方向地去经历与体验相应的职业。

因此,这部分内容,是根据中学生的认知规律,结合体验式教学方法和非标准化测试方式进行设计的。

以"发现天赋"为例,通过看一看、找一找、对一对、学一学、悟一悟完成。

看一看——我的与众不同

在下列四个问题中,你更偏向 A 还是 B?

(1)老师提问题,或同学们一起讨论问题,或一群伙伴争论问题时,你通常会怎样?

A.边想边说,或没想就说,或听、说、想同时进行。喜欢先行动,再思考,边想边说出声。

B.想好了再说,或想好了也不说,或先听,后想,再说。喜欢先思考,再行动。

(2)当老师给你布置任务时,你通常喜欢什么样的任务?

A.具体的,明确的,这个任务可以运用已有的技能完成。

B.整体的,大概的,这个任务要运用想象和推理,学习新技能来完成。

(3)如果你是班长,老师要你管理,有同学旷课,你会怎么处理?

A.可能对方有自己的原因,但还是要按照班级制订的规则处理。

B.虽然班级已经有制订的规则,但对方这次也许有特殊情况,不能一概而论。

(4)班级组织活动,比如去野炊,你通常会做哪些准备?

A.早早准备这次活动需要的食品、用品等,并考虑到各种意外情况下所需要的用品,比如驱蚊水等。

B. 只要带上钱包和手机就行，最多带点路上吃的，不够的话随时都可以买。

找一找——我的性格密码

你和小伙伴们去外地旅行，途中要在一所大房子逗留一段时间。房子里有 16 个不同风格的房间，供不同性格的人居住。根据房子对应的人群个性介绍，找到适合你的房间。

（1）ISTP：擅长分析、观察，好奇心强，对技术性的工作很有天赋。对事实很敏感，喜欢客观独立地做决定。安静而沉默，容易受冲动的驱使，追求兴奋而行动。通常很喜欢户外活动，容易鲁莽、轻率、不耐烦。

（2）ISTJ：关注细节，擅长逻辑和客观分析，能够有条理地、系统化地按时完成工作。严肃，有责任感，值得信赖并且信守诺言。做事严谨、勤奋、有条不紊且专心致志。性格独立、情绪平稳。容易陷入细节之中，不易接受新的想法和思路。

（3）ESTP：天生的乐天派，愿意享受现在，不愿为将来制订计划。相信感觉，好奇心强，很敏锐。喜欢探求新方法，倾向于通过逻辑分析做决定。重视行动而不是言语，喜欢处理各种问题。性格外向，多才多艺。

（4）ESTJ：逻辑性强、擅长分析，对真实有形的东西而不是抽象的想法和理论感兴趣。喜欢根据自己过去的经验做决定，原则性强、略显传统，擅长判断，自律性强。容易批判他人，对他人的肯定和赞赏较少。

（5）ISFP：天生具备很高的敏感度，有耐心，好相处，容易判断出他人的需求，也因此对他人的批评非常敏感。拥有强烈的个人理想和价值观，习惯于用行动表达感受。对能够直接从经验和感觉中得到的信息非常感兴趣，有艺术、美学天分。喜欢做短期规划，很少做长远打算。

（6）ISFJ：对他人的情感有敏锐的感觉，尽职、有责任感且喜欢被人需要，愿意为他人提供实际的帮助，容易压抑自身的需求和情绪。对细节有很强的记忆力，有很强的工作原则，工作严谨又有条理。有些保守，重视传统观念，安静谦逊，认真严肃。有时会陷入大量琐碎的细节之中拔不出来。

（7）ESFP：热情、友好、慷慨，受人欢迎，擅长交际，热衷于参加活动和游戏，表现欲强。相信感官带来的信息而不是理论解释，喜欢有形的事实，对细节有很好的记忆力。重视尝试，喜欢搜集信息，易受干扰和诱惑，较难约束自己，做决定时常常不考虑结果。

（8）ESFJ：重视与他人的关系，责任心强，健谈、待人友好且有同情心，易因讨好或帮助他人而忽视自己的需求。做事有计划性，有条理，重视事实和细节，做决定时会以自己或信任的人的经验为依据。谨慎、传统，易局限于自己的职责和原则，变通性差。

（9）INFP：敏感、忠诚，看重个人的价值和内在的平和。不重视逻辑，对可能性而不是已知的事更感兴趣。思路开阔，好奇心强，有洞察力。在日常生活中较为通融，忍耐力和适应性强，在意他人的情感，避免矛盾冲突，有时想法显得不着边际，是最理想化的个性。

（10）INFJ：完美主义者，坚持独立思考，重视灵感，相信自己的想法和决定。忠诚，有责任心且理想化。喜欢说服他人相信自己的观点，通过认同和赞扬而不是争吵和胁迫获得他人的协助，对任何批评都会过度敏感。坚持原则，有时不知变通，拒绝改变。

（11）ENFP：乐观、自然、热情，富有创造性和自信，具有独创性的思想和对可能性的强烈兴趣。有洞察力，注意常规以外的任何事物。好奇，喜欢理解而不是判断。具有想象力、适应性和可变性，视灵感高于一切。关注与维系个人关系而不是客观事物，喜欢保持广泛的关系。

（12）ENFJ：关心他人，看重人和关系，总能看到别人好的一面。理想主义者，看重自己的价值，有精力、有热情、有责任感。谨慎，坚持不懈。在做决定时只基于自己对问题的感觉，而不是事实，对现实以外的可能性以及对他人的影响十分感兴趣。

（13）INTP：安静、独立，喜欢思考，有逻辑性，擅长处理概念性问题，有很强的创造性和灵感。有批判和怀疑精神，对已知的东西不感兴趣，而是看重可能性，不喜欢与人打交道，可能因过于注重逻辑分析而对他人的需求考虑不足。

（14）INTJ：完美主义者，逻辑性强，有判断力，很聪明，喜欢以自己的方式做事，对反对意见持怀疑态度，不容易受到他人的影响，果断坚决。具有创造性思维，有远见和洞察力，善于研究理论，善于做概念性工作。一旦认定目标，会投入巨大的精力。

（15）ENTP：热情、聪慧、健谈，具有很强的主动性和创造性。看重灵感，多才多艺，适应性强，擅长处理挑战性问题。不墨守成规，喜欢自由，并能从日常事务中发现乐趣和变化。幽默感强，个性乐观，有人格魅力。

（16）ENTJ：擅长发现一切事物的可能性并愿意指

导他人实现梦想,天才思想家和长远规划者。逻辑性强,乐于吸收新知识,喜欢研究并解决复杂的理论问题,善于做需要推理和智慧的工作。生活严谨,计划性强。对别人的需求和情感不够敏感。

根据16种性格类型的描述,把有感觉的,就像在描述你的词句画出来,看看这些内容描述是哪一种类型,找到16个房间中你的那个类型。如果你与多种类型相似,难以选择,就暂时先选择其一。

注:图片来自美国MBTI施测师认证CPP。

分组:将选择同一个房间的人分为一组。如果16个房间都有人选择,那么就分为16组。

交流:你为什么会选择这个房间,它有哪些符合你的地方?

合作:给小组命名,讨论同组成员在性格上有哪些共同特点,并列出三个共同特点的关键词。

分享:每个小组选一名代表,介绍本组成员三个共同特点的关键词。其他组的成员观察并感受不同组之间的差别。

注意,活动中可能会出现几种情况:有些房间只有一个人,和你同一房间的那个人你不喜欢,难以确定自己是哪种类型,等等。请不要着急,再继续找。

对一对——密码背后的我

每个人的性格都由四个维度组成。这四个维度分别是我们接受能量的方式,获取信息方式的,做决定的方式,与外部环境相处的方式。

每个维度的偏好都有七个特征。我们分别对一对,看看密码背后的自己。

外向型和内向型的七个特征如下。

外向型(E):与他人在一起时感到振奋,希望成为关注的焦点;热情洋溢,兴致勃勃,善于表达;听、说、想同时进行,或者先行动再思考,喜欢边想边说出声;易于被了解,愿与人共享信息;反应迅速,喜欢快节奏;相比精深,更喜欢广博;能量来自与外界的相互作用。

内向型（I）：独自一人时感到振奋，避免成为关注的焦点；冷静、稳重、谨慎，不愿意主动表达；先听、后想、再说，或者先思考再行动；注重隐私，只与少数人分享个人信息；思考后再反应，喜欢慢节奏；相比广博，更喜欢精深；能量来自内心的思考与推理。

对一对外向型和内向型的七个特征，再思考"看一看"中的第一个问题，你是选 A 还是 B？

显然，选 A 是偏好外向型，选 B 是偏好内向型。

对一对外向型、内向型的一些相关联的关键词，和你这个类型房间的三个共同特点的关键词，有需要补充和调整的吗？

与外向型（E）相关联的关键词：

外向、行动、外部、人际、交往、多、善于表达、行动—思考—行动。

与内向型（I）相关联的关键词：

内向、反思、内部、隐私、专心、少、沉静、思考—行动—思考。

感觉型和直觉型的七个特征如下。

感觉型（S）：相信确定而有形的事物；喜欢具有实际意义的新生活；崇尚现实主义与常识；喜欢运用并琢

磨已有的技能；留心特殊和具体的事物，喜欢给出细节；循序渐进地给出信息；着眼于现在。

直觉型（N）：相信灵感和推理；喜欢新主意和新概念只出自自己的意愿；崇尚想象力和新事物；喜欢学习新技能，但掌握之后容易厌倦；留心普遍性和象征性的内容，使用隐喻和类比；跳跃式地以一种绕圈的方式给出信息；着眼于将来。

对一对感觉型和直觉型的七个特征，再思考"看一看"中的第二个问题，你是选 A 还是 B？

显然，选 A 是偏好感觉型，选 B 是偏好直觉型。

对一对感觉型、直觉型的一些相关联的关键词，和你这个类型房间的三个共同特点的关键词，有需要补充和调整的吗？

与感觉型（S）相关联的关键词：

感觉、事实、现实、具体、现在、保持、实用、是什么。

与直觉型（N）相关联的关键词：

直觉、观念、富有想象力、一般、将来、变化、理论性、可能是什么。

思考型和情感型的七个特征如下。

思考型（T）：习惯后退一步，客观地分析问题；崇尚逻辑，公正和公平；自然地发现缺点，有吹毛求疵的倾向；可能被视为无情、麻木、漠不关心；认为诚实比机敏更重要；认为只有合乎逻辑的感情才是正确的；受成就欲望的驱使。

情感型（F）：关心行动给他人带来的影响；注重感情与和睦，看到规则的例外性；很自然地想让他人快乐，易于理解他人；可能被视为过于感情化、无逻辑、脆弱；认为诚实与机敏同样重要；认为所有感情都是正确的，无论有意义与否；受被人理解的想法驱使。

对一对思考型和情感型的七个特征，再思考"看一看"中的第三个问题，你是选 A 还是 B？

显然，选 A 是偏好思考型，选 B 是偏好情感型。

对一对思考型、情感型的一些相关联的关键词，和你这个类型房间的三个共同特点的关键词，有需要补充和调整的吗？

与思考型（T）相关联的关键词：

思考、头脑、距离、事物、客观、批评、分析、坚定、公平。

与情感型（F）相关联的关键词：

情感、心灵、亲自、人、主观、褒奖、理解、仁慈。

判断型和知觉型的七个特征如下。

判断型（J）：做完决定后感到快乐；遵循"工作"原则，先工作再玩儿（有时间的话）；确立目标并按时完成任务；想知道自己的处境；看重结果；通过完成任务来获得满足；把时间看成有限的资源，认真对待时间期限。

知觉型（P）：因保留选择的余地而快乐；遵循"玩儿"原则，先玩儿再工作（有时间的话）；当有新的情况时会改变目标；喜欢适应新环境；看重过程；通过接触新事物来获得满足；把时间看成无限的资源，认为时间期限是灵活的。

对一对判断型和知觉型的七个特征，再思考"看一看"中的第四个问题，你是选A还是B？

显然，选A是偏好判断型，选B是偏好知觉型。

对一对判断型、知觉型的一些相关联的关键词，和你这个类型房间列出的三个共同特点的关键词，有需要补充和调整的吗？

与判断型（J）相关联的关键词：

判断、组织、决定、控制、现在、结论、事先仔细考虑、计划。

与知觉型（P）相关联的关键词：

感知、灵活、信息、体验、稍后、选择、自然而然、等待。

人的性格由这四个维度组合，形成 16 种性格类型。根据上面的 16 个房间，对一对每个维度的内容及相关联的关键词，判断你选择的房间是不是符合自己的个性特点。如果不是，可以重新对房间进行选择，直到找到那个真正适合你的。

学一学——MBTI 性格理论

20 世纪 40 年代，凯瑟琳·布里格斯 (Katharine Briggs) 和伊莎贝尔·迈尔斯 (Isabel Myers) 母女，在荣格心理学类型理论的基础上开发研制出性格类型测试工具，并以她们的名字命名，Myers–Briggs Type Indicator，简称 MBTI。

MBTI 是目前世界公认的应用范围最广，精确度最高的性格类型测试工具。根据人们对周围世界进行选择和应对的方式，MBTI 将人的性格分成四个维度，每个维度有两种不同的展现方式，每个人都会倾向于两者之一，共组合成 16 种性格类型。

MBTI性格类型的四个维度

外向（E）——能量导向——内向（I）
Extroversion　获取能量的方式是什么？　Introversion

感觉（S）——获取信息——直觉（N）
Sensing　获取信息的方式是什么？　Intuition

思考（T）——决策判断——情感（F）
Thinking　决策的方式是什么？　Feeling

判断（J）——外部环境——知觉（P）
Judging　与外部环境相处的方式是什么？　Perceiving

不同人获取能量的方式（E/I）如下。

典型特征：外向型的天性是将注意力聚焦于外部世界，关注外部世界的人、环境、事情、行为，与人相处时是充电的过程，独处时是放电的过程；内向型的天性是将注意力聚焦于内部世界，关注内心世界的体验、想法、点子、情感，独处时是充电的过程，与人相处时是放电的过程。

职业表现：外向型适合不断与人接触，办公室外或远离与工具打交道的工作活动；内向型适合一些独立的工作内容，需要独处，以集中精力，专注于工作。

不同人获取信息的方式（S/N）如下。

典型特征：感觉型更依赖五种感官，按顺序、逐步进行的方式获取和描述信息，用线性的带步骤的方式吸收和呈现细节的、具体的、现在的、有形的信息；直觉型更依赖第六感，用快捷的整合方式吸收和呈现整体的、未来的、无形的、抽象的信息。

职业表现：感觉型适合需要关注细节及仔细观察才能完成的工作；直觉型适合解决一系列新问题的工作。

不同人处理信息及决策的方式（T/F）如下。

典型特征：思考型做决定时跳出情境之外，采取外在的、客观的立场，理性做决定；情感型做决定时进入情境之中，采取内在的、移情的立场，带着同理心做决定。

职业表现：思考型适合讲究逻辑顺序的工作，尤其是理念、数字或者实体对象，比如与技术或科学打交道的工作；情感型适合能够为他人提供服务的工作，并且喜欢和谐的、相互欣赏的工作环境，重视人与人之间的沟通。

不同人与外部环境相处的方式（J/P）如下。

典型特征：判断型采用执行计划的方式，按照事先制订的进度，在时间期限前完成工作，有计划地、按部就班地达到结果，认为外界是不变的、是静止的；知觉型采用顺其自然的方式，通过冲刺，赶在时间期限前完成工作,随性地、即兴地达到结果,认为外界是变的,是动态的。

职业表现:判断型适合需要系统性和顺序性的工作;知觉型适合要求适应变化或者适应当下情境比管理情境更重要的工作。

不同的职业会要求以不同的方式搜寻并接收信息,做出决定,以适应职业环境。MBTI 四个维度中的 S/N 和 T/F 两个维度是功能维度,对职业选择影响最大,可用来预测最有可能长期发展的工作领域。两两组合成 ST、SF、NF、NT 四个功能对,其典型特征和职业倾向如下。

ST(ISTP/ISTJ/ESTP/ESTJ)

典型特征:依靠感官感知事物,但依赖思考做出判断。对与事物有关而不是与人有关的事实感兴趣,看重实际和事实,相信思考,相信有因果关系的有条理的逻辑推理,通过非个人的分析就事实做出决定。

职业倾向:生产,技术,医学,商业(会计、金融)。实际并且关注事实,适合运用有事实和对象的技术技能。

SF(ISFP/ISFJ/ESFP/ESFJ)

典型特征:依靠感官感知事物,依赖情感做出判断。对与人有关而不是与事物有关的事实感兴趣,通过情感评估事物对自己和他人的重要性并做出决定。社交能力较强，富有同情心，对人友好。

职业倾向：教育，健康护理，服务，销售。富有同情心并且友好，适合为人们提供切实的帮助和服务。

NF（INFP/INFJ/ENFP/ENFJ）

典型特征：通过直觉感知事物，依赖情感做出判断。不关注具体的事实和环境，而是关注可能性，比如新的项目、新的规律。有语言天赋，创造性强，想象力丰富，很有见解。

职业倾向：咨询，新闻，艺术，心理。热情并富有远见，能够理解他人，适合需要和他人良好沟通的领域。

NT（INTP/INTJ/ENTP/ENTJ）

典型特征：通过直觉感知事物，也关注可能性，但依赖理性思考做出判断。逻辑性强、机敏，擅长解决在特殊感兴趣领域的复杂问题。

职业倾向：科学，建筑，工程，设计。富有逻辑与创造性，更适合"理论和技术发展"领域。

悟一悟——发现与觉察到的我

如果你是偏外向/内向的，请列出其中三个最鲜明的特征，举1~2个自己生活、学习或工作中的事例。其他维度与此类似。

性格维度	事例一	事例二	你的性格类型
E			
I			
S			
N			
F			
T			
P			
J			

最后,请完成如下四个问题的讨论或思考。

(1)从中你学到了外向或内向的特征是什么?

(2)从中你发现自己有哪些外向或内向的特征?有哪些反思?

(3)从这些发现与反思中,你悟到了什么?找到了哪些关联、规律、逻辑、因果?

(4)如何将悟到的关联、规律、逻辑、因果,运用到学习与生活之中?

其他维度与此类似。

探寻潜能和揭示兴趣,同样是结合体验式教学方式和非标准化测试方式进行设计。在此不再展开。

对于中学生来说，天赋与优势的探索，无处不在。可以在各类课程的学习中，在学校的各类活动中，在学校的生涯实验室，在各种形式的职业体验中及日常生活中探索。重要的是，通过不同的方法与途径探索到自己的天赋与优势后，要不断觉察、强化和运用。

这一步完成的是第二个目标——开启智慧。通过发现天赋、探寻潜能、揭示兴趣，开启先天和后天智慧，看到自己的天赋与优势关键词，从而提升自我效能和自我信念。比如，小辉的性格天赋是ISTJ，关键词是分析、观察、好奇、敏感、灵活；多元智能由自然、逻辑、自省组成，关键词分别为，自然智能是观察、分类、归纳，逻辑智能是逻辑、归纳、推理，自省智能是自尊、自律、自制；兴趣倾向为IRC，即研究型、现实型和传统型，关键词是独立、观察、思考、探究、细心、精确、保守、操作。

3. 第三步，选择与决策——连接外部世界

从与外部世界的连接中探索外部资源，理解自己的建构，提升自我效能与自我信念，提高应对未来变化的能力。在课程中，我们设计了连接外部世界和统整资源

两个主题。

这是基于自我建构的外部世界探索。在众多的大学专业和瞬息万变的职业世界中，探索自己的位置，需要向外观，寻找外部资源。

第一，要从第一步使命与召唤和第二步天赋与优势出发。

我是谁，我想成为怎样的人，我可以带上哪些天赋与优势向前走，觉察这些天赋、优势资源，并与我想成为的人建立内在连接，可以将"真我"金字塔模型的天（身份与角色）与地（天赋与优势）呼应，在模型的左边综合分析。

以小辉为例。小辉想成为的人与他的性格天赋是否吻合，即"在宁静中，用自己的专长去探索真理"与其ISTJ性格天赋是否吻合；小辉的性格特征与其多元智能和霍兰德兴趣优势的特征是否关联，也就是小辉是否具有他想要成为的人的天赋与优势资源。我们可以运用"真我"金字塔模型，绘制一张生命蓝图。小辉的生命蓝图如下图所示。

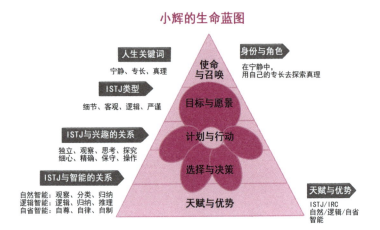

第二，不断地行动，去经历与体验，以获得自我同一性。自我同一性的获得要有探索、有承诺。探索指的是个体积极寻找自我信息，获得有关自身、环境的信息的行为；承诺是指在探索过程中所形成的坚定而牢固的信念以及对实践活动的投入。玛西亚（James Marcia）从同一性概念的行为层面出发，将个体自我同一性的建立过程理解为：个体对人生中很多有重要意义并具有决定性作用的领域，经过自己的努力探索做出最终抉择的过程，是确立自己的目标、信仰、价值观的过程，也是个体付出时间、精力和意志力来认识自己、实现自我并达到某一目标的过程。玛西亚以探索和承诺为变量，对自我同一性进行了操作定义。克朗伯兹（Krumboltz）强调，我们对能力、兴趣与价值等这些由学习而得的"自我观察的推论"，时时刻刻都有可能改变。例如，用兴趣量表所测出来的兴趣，是这个人有限的兴趣经验。因此要鼓励学生通过行动不断学习。

当然，有机会可以不断地行动、体验，是最理想的成长环境。而对于没有机会任由他们去选择、去经历、去体验的中学生来说，要从自我建构出发，先向内寻找资源，再有方向地向外探索。

第三，有方向地了解与检索相关的大学专业，每个专业选考的科目，专业排行，专业建设水平，招生情况，以及这些专业未来的职业发展趋势，等等。选择相应的研学活动，亲身感受未来要读的大学；有方向地选择、经历与体验相关的职业与岗位。一是在亲身经历与体验中觉察并形成自我同一性与自我概念，有时需要妥协甚至退让；二是通过经历与体验建构自己的职业能力框架，知道自己哪些能力是欠缺的，以及如何培养这些能力。

如小辉选择了生物、化学和环境科学，而在他的早期记忆中是想当一名细菌学家。细菌学属于微生物学，在本科阶段没有这个专业，只有到研究生阶段才有。在他所选择的生物、化学、环境科学中最接近的是生物学。经过考虑，小辉把目标定为浙江大学的生物医学专业。

找到专业目标后，我们需要查询该专业的要求。经查询得知，2019年浙江大学生物医学专业招生需要选考物理、化学、生物三门课程。小辉对高中选科、选考也有了明确的方向。

第四，探索家庭与社会资源，有哪些资源可借力、可支配、可运用。如小辉选择在浙江上大学，也是基于家庭因素，还有同伴资源。家庭和同伴是中学生发展阶段两个重要的支持系统，这两个系统为他们通过顺应和同化来形成"我是谁""我想成为怎样的人"提供了重要的支持，但也造成了一定的阻碍。探索家庭和同伴支持系统是为帮助中学生将"如其所是"和"如期所是"统一起来，逐渐在对环境的觉知中把"想要成为怎样的人"和"我是谁"统一起来。

这一步完成的是第三个目标——选择培养。通过对所选专业的尝试与体验，在不断与外部世界和职业的连接中形成与发展自我概念，提升自我效能与自我信念。

比如，小辉选择了生物、化学和环境科学作为培养方向。

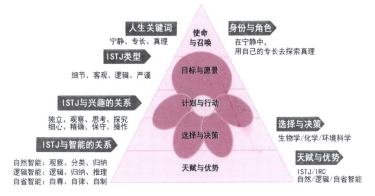

4. 第四步，目标与愿景——我的生涯目标

从"我是谁"到"我想成为怎样的人"，探索高中学业、大学专业、未来职业、人生目标与生命之道。在课程中，我们设计了畅想未来之路这一主题。

当学生真正看到自己时，内心自然有方向、有目标。小辉也一样，他的大学目标：浙江大学生物医学专业。

学生对自我的认知与觉察有快有慢，有深有浅，因此，不是所有学生都能在完成绘制生命蓝图后就能确定方向和目标。但我深信，每个人都是自己的生命专家。我们需要继续帮助学生深入探索。

小辉的生命蓝图

人生关键词
宁静、专长、真理

ISTJ类型
细节、客观、逻辑、严谨

ISTJ与兴趣的关系
独立、观察、思考、探究
细心、精确、保守、操作

ISTJ与智能的关系
自然智能：观察、分类、归纳
逻辑智能：逻辑、归纳、推理
自省智能：自尊、自律、自制

身份与角色
在宁静中，用自己的专长去探索真理

目标与愿景
成为一名生物学家！
浙江大学生物专业

选择与决策
生物学/化学/环境科学

天赋与优势
ISTJ/IRC
自然/逻辑/自省智能

（金字塔自上而下：使命与召唤、目标与愿景、计划与行动、选择与决策、天赋与优势）

我们会结合体验式教学探索学生的天赋性格、多元智能和兴趣倾向，让学生觉察，从事哪些职业会更适合这些天赋与优势的发挥。再根据这些职业，让他们去连接，从事哪一个职业最有可能成为自己想要成为的人。一定要注意，这不是特质因素论视角下的职业匹配，而是建构论视角下的自我建构与同一性的自我整合。

比如，小辉的性格天赋是ISTJ，看重实际并且关注事实，适合运用有事实和对象的技术技能，如生物学、化学和环境科学等，更有利于发挥他的性格天赋。他的多元智能由自然、逻辑、自省智能组合，从事生物学、环境科学、工程、技术、人类学等领域的工作，更适合他的多元智能的发挥。他的兴趣是IRC，即研究型、现实型和传统型,从事生命科学、自然科学、机械工程、技术等领域的工作,更有可能让他的兴趣成为乐趣或志趣。

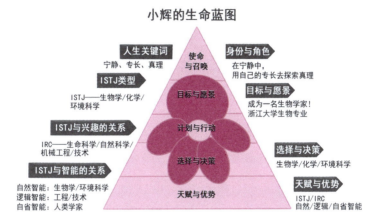

在生涯教学,生涯主题班会课或团体辅导课时,我们常常让学生绘制"天赋与优势树"。目的是让学生把所有探索到的人生关键词,天赋与优势,重新梳理;看看它们在自己这棵生命树上的位置;帮助自己认识"我是谁""我想成为怎样的人",以及如何成为。具体方法,是将前三步探索到的人生关键词,天赋与优势关键词,兴趣关键词,多元智能关键词,按照自己的理解把它们分别填到"天赋与优势树"合适的地方,比如树根、树枝、树叶等相应位置。然后,与自己绘制的这棵独特的"天赋与优势树"对话,各美其美,遇见最美的自己;

再与小组同学分享自己的"天赋与优势树"之美。最后在全班分享自己的"天赋与优势树"之美,美美与共。

通过绘制"天赋与优势树",觉察天赋,发现优势,连接未来,确定目标。在一次课堂上,小奕同学绘制完"天赋与优势树",与自己对话,与同学分享后,对未来的选择也有了答案。课前,她充满困惑与迷茫:"老师,我喜欢自制小玩意儿,也喜欢做手工、折纸,设计一些东西。对服装和园林设计比较感兴趣,也想读艺术类专业,我不知道怎么选。"课后,她明确了大学目标:清华大学风景园林专业。一前一后判若两人。下图为小奕描绘的愿景图。

春种一粒粟,秋收万颗子。当我们知道自己的使命

与召唤，就如同种下一粒种子，带上天赋与优势向前走，从而收获人生的更多可能。从果到因，畅想未来之路，并清晰看见未来职业目标、大学专业目标、高中学业目标。

使命是一个人灵魂中代表希望的种子，呼唤着他去寻找道路，实现目标。

赫尔曼·黑塞在《流浪者之歌》中写道："大多数的人就像落叶一样，在空中随风飘荡、翻飞、荡漾，最后落到地上。一小部分人像天上的星星，在一定的途径上走，任何风都吹不到他们，他们的内心有自己的引导者和方向。"

这一步完成的是第四个目标——探索目标。让当下与未来连接，让每一门学科的学习和做的每一件事都与高中学业目标、大学目标、职业目标及未来发展连接。让"我想成为怎样的人"成为可能。

5. 第五步，计划与行动——我的成长方案

在课程中，我们设计了建构成长方案这一主题。

第一，明明白白我的"心"。在弄清楚我是谁，我想成为怎样的人，我有哪些天赋与优势可以带上前行，我有哪些内在资源与外在资源可以借力、支配和运用，

我高中学科、大学专业、未来职业的选择是什么,我的当下目标与未来愿景是什么之后,还要思考,如果这些目标实现了,那是因为我做了什么,我是如何行动的。用倒果为因的思维方式,建构自己的成长方案,并绘制出完整的生命蓝图。小辉的生命蓝图如下。

小辉的生命蓝图

人生关键词 宁静、专长、真理	**使命与召唤**	**身份与角色** 在宁静中, 用自己的专长去探索真理
ISTJ类型 细节、客观、逻辑、严谨	**目标与愿景**	**目标与愿景** 成为一名生物学家!浙江大学生物医学专业
ISTJ与兴趣的关系 独立、观察、思考、探究 细心、精确、保守、操作	**计划与行动**	**计划与行动** 考上了浙江大学生物医学专业 那是因为我做了哪八件事
	选择与决策	**选择与决策** 生物学/化学/环境科学
ISTJ与智能的关系 自然智能:观察、分类、归纳 逻辑智能:逻辑、归纳、推理 自省智能:自尊、自律、自制	**天赋与优势**	**天赋与优势** ISTJ/IRC 自然/逻辑/自省智能

生命之花·幸福之轮

第二,实实在在我的"行"。如果这个目标实现了,那是因为我做了什么?把做的事,或5件或7件或8件,一一写到平衡轮里。平衡轮是把目标引导到实际行动的有效工具,我把平衡轮称为"生命之花·幸福之轮"。也有老师把平衡轮称为"理想之花·成长之轮"。

现在,请你描画"我的生命之花",抒写"我的幸福之轮",让生命之花盛开,让幸福之轮运转。

如何描画?如何抒写?通常先把一个圆分成8等份,可以从个人、家庭、学校、社会四个方面展开思考。每个方面写1~2项,就能写出4~8项。

平衡轮可以根据不同的目标描画，可以是人生目标、职业目标、大学目标或学业目标。把每一个目标分解成几个或十几个小目标，再把目标分解到不同的时间，可以是一年目标、三年目标或五年目标，也可以是月目标、周目标或日目标。分析如果这些目标实现了，那是因为我做什么。

比如，我想成为一位幸福生涯的践行者与传播者，如果这个目标实现了，那是因为我做了哪8件事。2018年我的"生命之花·幸福之轮"如下图所示。

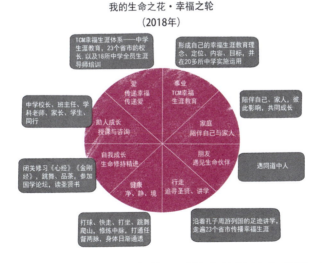

2018年，如果我的中学生涯教育的目标实现了，那是因我做了哪8件事。如下图所示。

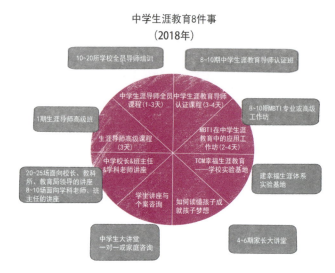

比如,高二学生小月的大学目标是中国传媒大学广播电视编导专业,如果她的大学目标实现了,那是因为她在学习中做了哪8件事。如下图所示。

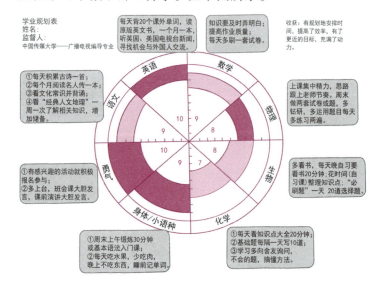

在抒写平衡轮时要敞开内心，放下顾虑，卸下包袱，回到当下，与自己进行深度对话。平衡轮是具有魔力的，它可以让我们做到。抒写时站在要实现的目标上，也就是站在目标的结果或成果上，即"果"位上，聚焦目标，减少干扰，看到差距，关注当下，与自己对话。平衡轮是魔镜，它可以让我们看到。

可以这样叩问自己：

（1）我想要什么？（想要的，而不是不要的）

知道自己想要什么，而不是不要什么，非常重要。因为聚焦在哪儿，能量就会流到哪儿。我们不妨体验一下。上课了，老师说："现在，你们每个人都不要想大象，不要想粉红色的大象，不准想大象！"此时，你在想什么？你在想大象，而且是粉红色的大象，不想都难。因为老师把我们聚焦到不想要的那个点上了。我们再体验一下。上课了，老师说："孩子们，如果今天为你的大学目标只做3件事，那会是哪3件事？"此时，你在想什么？是不是正在想要做的那3件事。

其实，每个人心中都有两匹狼在鏖战，一匹狼是积极正向的，发出的声音是"要"，一匹狼是消极负面的，发出的声音是"不要"。哪匹狼会胜利取决于你喂养的是哪匹。

（2）我现在在哪里？（最理想的状态是10分，最不理想的状态是1分，1～10分，自己现在得几分？）

你会从平衡轮上发现自己的现状、短板。分析这些要素目前的状态，然后对比目标状态，找到差距。针对差距，找到自己最需要改变的是什么，制订或改善行动计划。

（3）如果我在某个方面增加一分，那是因为我做了什么？（以目标为导向，找到行动方案）

我们可以从中找一个方面，如"拥有积极的学习态度，以良好的心态面对考试"。现在是打6分，如果要增加1分，那是因为你做了什么？我们又可以从这一方面展开，画一个平衡轮。但一定要具体、可量化、可实现、有意义、有期限，即符合SMART原则。

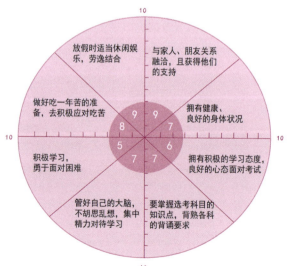

(4)这8件事,从哪一件事开始做能撬动其他方面,让平衡轮转动起来?(再聚焦,找到撬动点)

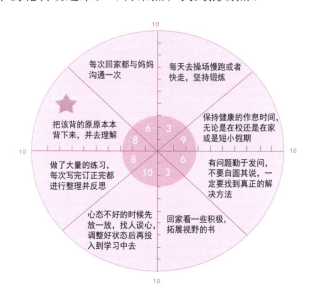

如何让平衡轮转动?聚焦目标,减少干扰非常重要。干扰来自外部和内部。外部干扰来自环境因素,如经济滑坡、市场波动、组织机构变动、家庭及社会的影响等。内部干扰来自我们自身,如害怕、自我怀疑、焦虑、不自信、消极、抗拒等。对中学生来说,来自家庭与学校的干扰很多是与父母和老师的认知及思维模式相关,与学生本人无关。比如,老师说:"按照你现在的成绩,只能上××大学。""按照你现在的学习状态,只能考到第几名。"家长说:"这个专业方向(如配音演员),跟你八竿子都打不到,怎么可能考上。"这些都会对学生产生干扰。更多的干扰还是来自学生自身。比如,害怕失败,害怕改变,害怕不被接纳与认可。这些干扰因素都会不同程度地影响平衡轮的转动。

平衡轮中抒写的事情之间是关联的,而不是彼此孤立的。所以,要找到一个撬动点,让平衡轮转动起来。找到从哪件事开始做,能影响或带动其他方面的转动。比如,对于中学生来说,"上课认真听讲"是撬动点,把一堂课的内容吸收消化90%以上,课余的时间就能做其他的事;"保证睡眠"是撬动点,睡眠足了,做任何事都能精神饱满、精力充沛;"把该背的原原本本背下来,并去理解"是撬动点……中学老师绘制的"评上正高(副高)职称做的8件事",找的撬动点往往是"教学"。大学老师找的撬动点更多的是"写论文或专著"。

(5)我何时开始行动?现在开始为实现这个目标只做3件事,会是哪3件事?(一步一步去实现)

约翰·戈达德这样说道:"我希望不断挑战极限,就像雄鹰一样。通过这些经验,我感受到了付诸实践所具有的意义和人生的价值。很多人在不知道伟大的勇气和忍耐是什么的情况下,走完了一生。但正是在死亡这个极限情况下，人们会突然明白潜藏在自己身上的巨大力量。好好回顾一下自己走过的路，然后想想'如果我再多活一年，我会做什么'。每个人心中都有想做的事情，不要拖延，现在就行动吧。"

有目标的人在奔跑。我们一起行动，一起奔跑吧！

这一步完成的是第五个目标——实现目标。 通过统整自我同一性，自我管理与行动计划，用"倒果为因"法，先成为，再行动，后拥有，用教练式思维方式，成为那个想成为的人，最终实现自我，超越自我。

五　唤醒生涯，同心协力

1. 共创生涯共同体

生涯教育不仅是全人全程的教育，更是全员全方位的教育。每一个学生在成长与发展过程中，都不是孤立的个体，与家长、学校、社会密不可分。每一个学生的成长与发展过程,也不是割裂的,而是一个系列的、统整的过程。每一个学生在成长与发展过程中,会形成一个命运共同体,我把它称为"生涯共同体"。这个共同体主体方是学生,家长、老师、学校和社会各方是共同体的利益相关者,每一方都有相应的义务与责任,各方要凝心聚力,共创生涯。

2. "香槟塔"体系和"两翼"路径

(1) 中学生涯教育的"香槟塔"体系

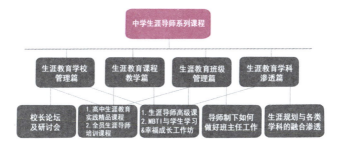

中学生涯教育的"香槟塔"体系

具体落实到中学生涯教育上,学校的生涯教育是一个"香槟塔",由四个层面组成,即学校管理层面、生涯教学层面、班级管理层面和学科渗透层面。

学校管理层面——学校校长。让教育回归本质,让生涯教育渗透到学校教学的每一个环节、每一位教师。

要建立全员导师制，连接社会资源，创立生涯实验中心，走班制管理，教师教学管理。让学生连接外部世界，经历专业与职业体验，建立与形成自我概念。

生涯教育层面——生涯教师。帮助学生认识自己，唤醒"我是谁""我想成为怎样的人"。开启天赋与优势，发现每个学生的与众不同，帮助学生学会选择，包括选择高中学科、大学专业、未来职业，帮助学生做学业规划、职业规划、生涯规划。

班级管理层面——班主任。角色转换，从班主任、陪伴者、指导者的角色转换到导师、教练、唤醒者的角色。选科走班及导师制管理，班会课融入生涯教育，真正认识学生、读懂学生，帮助班级的每一位学生确定目标，跟踪目标，实现目标。把生涯教育身心化。

学科渗透层面——学科教师。角色转换，从学科老师、指导者的角色转换到导师、教练、唤醒者的角色。把生涯教育渗透到学科教育中，在学科教育中让学生认识自我，觉察与体验自我。把学科与专业、职业连接，让学生看到更多的可能性。同样，把生涯教育身心化。

生涯教育不仅要融入中学教育之中，还要贴近中学教育的生态。目前学校的生涯教育与素质教育似乎是两张皮，没有完全贴合。事实上，生涯教育的每一个过程，都是素质教育的具体呈现,是真正体现人的教育的根本。所以,生涯教育是让素质教育真正落到实处的最有效的通道与路径。关键是如何将生涯教育系统化地融入素质教育之中,以全方位实施生涯教育。素质教育要真正落地,需要借助全方位的生涯教育。

学校教师可以通过相应的学习与进修提升生涯教育教学能力,通过全员生涯导师的培训,老师能成为生涯导师。为此,我专门设计了相应的系列课程:"高中生涯教育实践精品课程""全员生涯导师培训课程""生涯导师高级课程""MBTI与学生学习&幸福成长工作坊""导师制下如何做好班主任工作""生涯规划与各类学科的融合渗透"。此外,还会组织老师参加各类校长论坛及生涯研讨会等。

(2)中学生涯教育的"两翼"路径

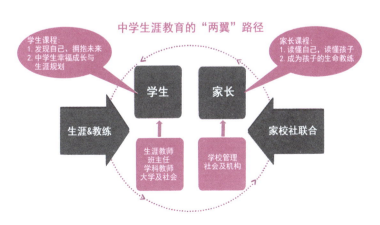

中学生的"生涯共同体"中,家长是重要的组成部分。如果把学生和家长比作"两翼",那么,如何共同努力,相互作用将非常关键。

一翼是学生与生涯教师、班主任、学科教师的对接路径。我在给中学生做生涯咨询与辅导时,发现最有效的方法,是让学校的生涯教师、班主任、学科教师,尤其是班主任直接对接每一个学生。班主任如果运用生涯教学和生涯教练的方法与思路去做,效果会完全不同。参加过我的课程的一线教师、班主任,在班级管理和学科渗透中都深有感触。

另一翼是家长与学校管理层和社会机构的对接路径。学校开展各种家长活动,家长大学、家长大讲堂等,实现家校联合。家长的自我提升与修炼课程由社会第三方机构完成,实现家社联合。家长自身提升,才能跟得上孩子成长的脚步。为此,我也专门设计了相应的家长课程:"读懂自己,读懂孩子""成为孩子的生命教练"。家长也可以与孩子一起参加我专门为孩子设计的"发现自己,拥抱未来"训练营课程。

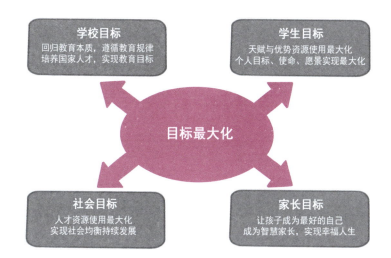

通过中学生涯教育的"香槟塔"体系和"两翼"路径，实现"生涯共同体"的主体方学生及诸方利益共同体的目标最大化。目标最大化也就是效益最大化。

第三部分

↓

唤醒生涯
——立在高处

一 唤醒生涯的理念
——生命、觉醒、幸福

在我的视野里,生涯教育是全人全程的生命成长及终身发展教育;是唤醒每个人内心的种子,开启先天智慧,让人学会选择后天培养的知识与技能,通过经历与体验,觉察与觉知内在智慧的生命觉醒教育;是让每一个生命回归本真,最终成为自己的幸福人生教育。它是教育发展的必然趋势,是最接近教育本质的,可以为人们奠基一生的幸福。这也是我做幸福生涯教育的初心与愿景。

从人生的三大基本问题——"我是谁""我要去哪儿(我想成为怎样的人)""我要如何去(我如何实现)"看生涯教育,它是全人教育。

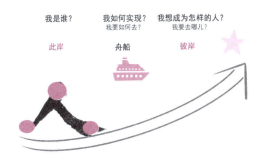

从"真我"金字塔模型的内外逻辑中,清晰可见生命赋予我们每个人意义和使命——"我是谁""我想成为怎样的人""我的使命与召唤是什么"。金字塔的顶部,相当于"人"的头部;"我如何实现"先得从金字塔的底部探索;"我有哪些天赋与优势"相当于"人"的双脚,犹如一鸟双翼和一车双轮。探索之后进行选择与决策,通过身心的经历与体验,觉知、觉悟、觉醒生命。

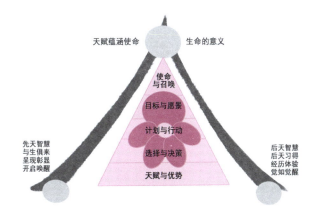

从一个生命成长与发展的轨迹看生涯教育,它不仅

是全人教育，还是全程教育。把"真我"金字塔模型按照生命轨迹延伸，不同阶段的生涯教育，其底层逻辑是一样的，无论是幼儿、儿童，还是青年、中年，甚至老年。

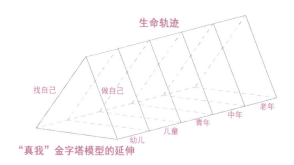

"真我"金字塔模型的延伸

从"真我"金字塔模型的逻辑层次，延伸到生命不同阶段，每个阶段要完成的事都包含回归真我，从灵出发；智慧双运，顺应天性；聚焦目标，觉知当下；倒果为因，觉醒生命。

这里，回归真我，从灵出发的"灵"，是指灵性、本性、真我。

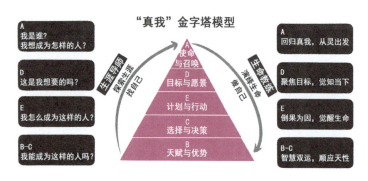

从爱利克·埃里克森人格发展的八阶段理论出发，看生涯教育，它是全程教育。

爱利克·埃里克森人格发展八阶段理论

阶段	主要发展任务	良好人格特征
婴儿前期（0～2岁）	获得信任感，克服怀疑感	希望
婴儿后期（2～4岁）	获得自主感，克服羞愧感	意志
幼儿期（4～7岁）	获得主动感，克服内疚感	目标
童年期（7～12岁）	获得勤奋感，克服自卑感	能力
青少年期（12～18岁）	形成角色同一性，防止角色混乱	诚实
成年早期（18～25岁）	获得亲密感，避免孤独感	爱
成年中期（25～50岁）	获得繁衍感，避免停滞感	关心
成年后期（50岁以后）	获得完善感，避免失望感和厌恶感	智慧/贤明

爱利克·埃里克森认为，每一个阶段都有该阶段的核心任务要完成。比如，0～2岁信任感的建立，2～4岁自主感的建立，4～7岁主动感的建立，7～12岁勤奋感的建立，12～18岁角色同一性的建立。每一个阶段都是为下一个阶段做准备。如果该阶段的任务没有很好地完成，就会影响下一个阶段任务的完成。

青少年阶段自我同一性的建立，与前四个阶段的发展息息相关，同时也会影响后三个阶段的发展。

从舒伯的生涯发展理论出发看生涯教育，它是全程教育。

舒伯生涯发展理论

阶段	年龄跨度	时期	发展任务的重点或特点
成长	4~10岁	幻想	接受家庭教育与父母影响
	11~12岁	兴趣	适应学校与社会生活
	13~14岁	能力	了解工作的意义,逐渐认识自己
探索	15~17岁	试探	考虑需要、兴趣、能力及机会,做暂时的决定,并在幻想、讨论、课业及工作中加以尝试
	18~21岁	过渡	进入就业市场或进行专业训练,更重视现实,并力图实现自我观念,将一般性的选择转为特定的选择
	22~24岁	实践	生涯初步确定并试验其成为长期职业生涯的可能性,若不适合则可能再经历上述各时期以确定方向
建立	25~30岁	尝试	选择、安置阶段,由于经过上一阶段的尝试,不合适者会谋求变迁或做其他探索
	31~44岁	稳定	个体致力于工作上的稳固,大部人处于最具创意时期,由于资深往往业绩优良
维持	45~65岁	维持	升迁和专精阶段,个体仍希望继续属于他的工作职位,同时会面对新的人员的挑战。这一阶段发展的任务是维持既有成就与地位
衰退	65岁以后	衰退	适应退休生活,发展新的角色

在舒伯的理论中,每个人的生命周期都会伴随着一个生涯发展的周期,认识这个周期的内涵和相应的任务,对每个人来说都非常必要。舒伯早期的观点认为,职业选择与生涯发展的历程,就是自我概念发展与实践的历程;晚期则逐渐认定,自我概念的形成是个人对自我与情境的主动建构历程。其实,无论是早期的生涯发展论还是晚期的生涯建构论,最核心的就是自我概念,都强调人的个体差异。

简而概之,我的生涯教育理念为:**生涯教育是生涯生命教育,是生命觉醒教育,是幸福人生教育。**

生涯教育是生涯生命教育,是对一个生命成长及终身发展的教育。而每个生命都是独一无二的，每个人都有自己的生命轨迹，不可复制。所以我认为，生涯教育没有专家，没有权威，每个人都是自己生命的专家。

生涯教育是生命觉醒教育，是唤醒每个人内心的种子，开启先天智慧，让人学会选择后天培养的知识与技能，通过经历与体验，觉察并觉知内在智慧的生命觉醒教育；是对一个生命唤醒的教育。生命觉醒以唤醒真我与使命，开启天赋与优势为始，以生命觉醒为终，是有始有终的教育。只有唤醒真我与使命，开启天赋与优势，抵达生命觉醒，才能获得真正的幸福生涯。

生涯教育是幸福人生教育，是让一个生命从此岸到彼岸的教育。生涯教育就是通过生涯唤醒，从有意识的发现、觉察、觉知到无意识的层面，得以实现幸福人生。

心中有生命，处处是生涯；心中有生涯，处处是教育。

二 唤醒生涯的目标
——立、归、智、觉

1. 立——立位高远

既能在高高的山顶立,又能在深深的海底行。这是唤醒生涯的目标之一。

这里的立位高远有三层含义。

一是被唤醒者的生命成长立位高远。立足于一个人的生命成长和发展建构的"真我"金字塔模型,左边是找自己,从唤醒生命开始——"我是谁""我想成为怎样的人""我的天赋是什么""我的优势有哪些",在众多的选择中,找到自己的生涯之路,生命之道。右边是做自己,是站在"果"位上,倒果为因。我们应遵循从果到因的思维模式行动,不偏不离地走在成为自己的道路上，一步步地走进自己，走进自己的生命里，实现一个个人生的目标与梦想。

"真我"金字塔模型的背后，是明心见性，生命觉醒；是生命之道，道生万法；是内圣外王，修身、齐家、治国、平天下。从生涯探索到生命演绎，是我们每个生命的成长过程，即自我探索、自我成长、自我实现、自我超越的过程。

二是唤醒者的自身角色定位高远。这里的自身角色定位高远是指唤醒者的情怀、胸怀、格局和视野的高远，学养、内涵、修行、心性的高深，如同子夏形容孔子"望之俨然，即之也温"一样，尽管我们不是圣贤，但我们可以走进圣贤的世界。这个定位高远与社会角色无关。我给自己的角色定位是一位幸福生涯的践行者与传播者。在我的几种角色中，职业规划教授、TCM幸福生涯体系创始人、幸福生涯的践行者与传播者、生涯导师、生命教练等，很显然，幸福生涯的践行者与传播者是自身定位高远的角色，而其他角色都是外在的、社会化的角色。我也更喜欢以自己活出来的状态无形地影响他人，这个影响是从不知不觉，到后知后觉，再到先知先觉的过程。等走完此生再回头看自己这一生，曾经有这样一位幸福生涯的践行者与传播者来过这个世界，也就少留些遗憾，不枉此生。

三是生涯课程的目标高屋建瓴。对应"真我"金字塔模型的五目标，即自我建构、开启智慧、培养选择、探索目标、实现目标，形成了生涯教育课程的目标定位，既能立在高处，又能行在深处。

2. 归——回归真我

"真我"金字塔模型，从找自己到做自己，让每个人的生命回归本真。心灵回归原乡。这是唤醒生涯的目标之二。

生涯教育首先要做的一件事，就是找回自己，回归真我，回到自己生命里。其实，本来的自己就在那里，只是我们离开太久了、太远了，以至于忘记了本来的自己，忘记了回归的路。

回归真我的前提是唤醒真我。唤醒，可以通过外在的教育，也可以通过内在的自性。这就需要用觉知力去唤醒，我自己就是一个典型的例子。

有一次，我在发呆时眼前呈现出一幅画面。大约五六岁的我，坐在大门宽宽的门槛上（这里是我小时候住的爷爷建造的四层楼房)。我望着天空，遐想长大后的我。一定不会像爸爸一样做八级钳工，也不会像妈妈一样起早贪黑踩缝纫机做衣服，到六十岁时更不会像奶奶一样整天在我家二楼的小房间里纳鞋、补衣、织毛衣。我一定会走到远方，到处说书、讲课。

这不就是现在的我吗。我瞬间明白，我想成为的那个人早已储存在早期的记忆里，在我的生命里。只是我长大后，离开太久了、太远了，记不起本来的样子，也离本来的自己越来越远。

早期的记忆很重要，它是生命的隐喻，被用来印证生命的意义。它所展现出的是对生命的解读，乃至对现在及未来的影响。

我在十多年的生涯咨询经历中看到，凡是没有回到自己的生命里，没有回到自己心灵的家，没有走在自己的生命之道上，拧巴、压制、迷茫、困惑、无力、焦虑、抑郁、恐惧等将一直反复，直到生命以另一种方法唤醒我们。回归真我，这是生命的法则，你我都别无选择。

3. 智——智慧双运

唤醒内在种子，开启先天智慧，学会选择养料，培养后天智慧,让每个人的先天智慧和后天智慧双运。这是唤醒生涯的目标之三。

怎么让每个人的智慧双运?我们得先从"人"字开始,重新认识"人"。

我形象地把一撇一捺分别用来代表人的先天智慧和后天智慧。"人"字,一撇一捺,犹如一鸟双翼、一车双轮,缺一不可。先天智慧与生俱来,就如同种子,我们只需要去发现与觉察,尽情地去呈现与彰显,顺应天性成长。而后天智慧需要通过后天不断的学习、训练、经历、体验来培养。如同果实,需要刻意地、执着地、努力地培育。当然,如果只有经历,没有体悟,不可能形成经验智慧。同时,通过后天的学习、训练、经历、体验,又会更深地体悟、证得先天智慧。

显然，智慧双运，才能让一个人走得稳，走得快，走得远，走得久。

由此可见，当天赋这颗种子与后天选择学习、培养的知识、技能吻合时，种子就能顺应天性自然生长，人就能产生心流，专注投入。我自己就有这种心流的体验。我在当会计老师时，纯粹是为生存而工作，只解决我的安身问题；运用后天习得的本领来完成会计教学与科研任务，而内心那股强大的能量没有机会喷发。当生涯规划老师后，解决了我的立命问题，我的工作是有趣而富有意义的；我专注投入，完全享受其中，本性具足的智慧源源不断地呈现与彰显出来，先天智慧与后天智慧双运。

当天赋这颗种子与后天选择学习、培养的知识、技能不吻合时，身心就不能平衡，成为"残疾人"。这样的你会感到拧巴、痛苦、烦恼、迷茫、纠结、艰辛、无助……久而久之，身心疲惫，各种问题持续不断。在我们身边，这样的人并不少见。

同时，我们也能清楚地看到，目前的教育只做后天智慧的培养，而忽略先天智慧的开启，只重视各类知识与技能的学习，而轻视根本不需要培养与训练的与生俱来的天赋。目前的教育虽然也很重视各种经历与体验，但因为没有开启先天智慧,效果大打折扣。

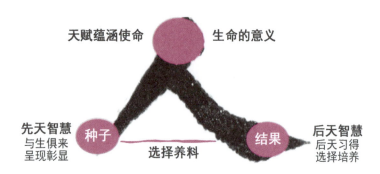

在众多个案咨询中,我发现天赋蕴涵使命。用三个人生关键词造句,找到的"我想成为怎样的人",与用MBTI性格理论探索到的天赋,是那么吻合。比如:

A 同学:在宁静中,用我的专长去探索真理!

——ISTJ

B 同学:用忠诚创造财富,然后成为拥有自由的人!

——INFP

C 同学:在拥有财富的同时,过充满爱的宁静生活!

——ENFJ

D 同学:用冷静大胆创造理性!

——ISTJ

E 同学:拥有自由,用自己的专长给世界创造美感!

——ISTP

先天智慧给人类带来内解放，后天智慧给人类带来外解放。在智慧双运中，我们将完成自己的人生使命。

4. 觉——生命觉醒

生命觉醒，是唤醒生涯的终极目标，也是教育的终极目标。

在我的生涯教育理念中，生涯教育是生命觉醒教育。生命觉醒教育，很容易让人感觉"高大上"。"高"是高高在上，让人看不清、摸不着；"大"是贯穿人的整个生命的教育；"上"是形而上而不是形而下。事实上，它一点也不"高大上"，只是通过生涯教育去唤醒每颗种子，唤醒沉睡的真我，觉醒无限的生命。

生命觉醒教育，很容易让人误以为与宗教相关，事实上，它与宗教无关而与教育有关。什么是教育？生命学家潘麟先生对此有过这样的阐述："教育就是春雨，它可以帮助百花绽放，但它本身不是花朵，它本身只能帮助花朵绽放。一束花之所以能成为一束花，根本原因在于它本来就是一束花——只是以前是一种潜性存在，现在跃升为显性存在。教育应以辅助个体生命潜力的充分发挥为目的，这就如同一粒种子内部蕴含了无限的生命特性,但只有获得阳光和雨露的充分润泽,它才能健康成长。教育的方向应该是趋于生命型的,而不应该有任何的分裂与残害在里面,否则我们的教育就失去了生机,成了一种扼杀生机的自我意识的教育。"

生命觉醒教育的缺失,会导致什么样的结果呢?会让我们患上不同程度的"终极关怀缺失症",也就是无价值感、无意义感、无归属感,有的只是恐惧感、空虚感、无聊感等。这些感觉会如影随形地跟随着我们,或强烈或模糊,或有意或无意,终其一生。这个病,和其他的病不一样,这是每一个没有被唤醒生涯的人都会得的病,无一人可以例外,与年龄、种族、地位、财富无关。

生命觉醒教育到底是什么?生命觉醒教育就是让我们从黑暗到光明的教育,是通过剥去外在层层尘埃显现内在自性光明的教育。生命觉醒教育如何通过生涯教育实现?通过"真我"金字塔模型的建构,一步一步地唤醒生涯;通过自我探索,发现、觉察、觉知,达到觉醒的状态;通过探索"我是谁""我想成为怎样的人""我的天赋与优势是什么"唤醒和开启使命与天赋;通过选择后天需要学习、培养的专业知识与技能,去经历与体验,在经验与体悟中找到生命的意义和价值,达到生命

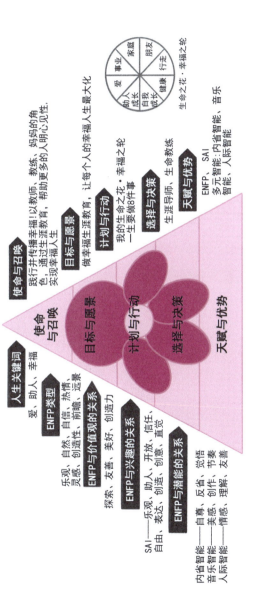

的觉醒；通过生命觉醒，找到自己，明心见性，成为自己，从而修身、齐家、治国、平天下，实现内圣外王。

这正是唤醒生涯之中心，之核心，之重心，之人心。

唤醒生涯可以运用具体的方法，让"高大上"的生命觉醒教育落地并可操作。通过建构生命蓝图，让每个人清晰可见"我是谁""我想成为怎样的人""我的天赋与优势是什么""我的使命与召唤是什么""我有哪些选择，又如何做决策""我的生命之道要如何走""我要如何做才能实现"。

生涯教育，让不同的生命在觉醒中呈现自在的丰富性。

三　唤醒生涯的定位
　　——本、果、道、一

1. 本——追本溯源,从生命本质探索生涯教育的源头

生涯教育要立足于"人"的发展与生命成长,要遵循"教育即生长"的规律,要让人获得安宁、喜悦、自在、健康、快乐、幸福的人生。基于这个思考,生涯教育要如何做?一定是要追溯到一个"人"的生命本质。现在说起来很简单,其实我思考了十多年才摸到根源。

那么,从生命本质探索到的生涯教育的源头在哪里?

把"人"的成长与一个完整生命成长的三个过程结合起来,就能更清晰地看到:自我探索,探索什么;自我成长,成长什么;自我实现,实现什么。

一个完整的生命成长过程

自我探索,探索的是先天智慧和后天智慧。先天智慧与生俱来,是自性,是种子。然后根据种子,选择后天学习、培养的知识与技能,有方向地去经历、体验,形成能力,从而提升后天智慧。

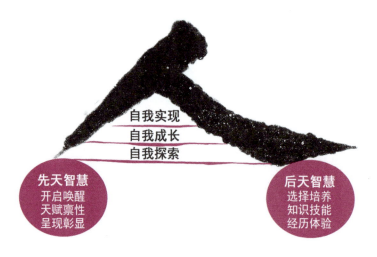

按照目前在大学和职场中运用的生涯教育模板，自我探索通常由四个部分组成，即价值观、兴趣、能力、性格。我特别质疑，通过这四个方面探索到的自我，是真我吗？

自我成长是人生诸多使命中的首要使命。自我成长分为三个阶段，即身体的成长、心理的成长和灵性的成长。第一阶段是身体的成长，即生理的成长，让身体成长、发育、成熟。这是一般人都能完成的使命。第二阶段是心理的成长，让心理、情感、精神、意志、人格等成长、成熟，成为一个对社会、对群体、对文明、对未来有所贡献的人。这个阶段，相对于生理的成长明显要复杂得多。从当下诸多的各种心理问题与疾病中就可以获知，有很多人一辈子都没有完成心理成长的使命，或者说他们只完成了一部分，没有彻底完成心理的成长。第三阶段是灵性的成长，也是生命的成长，让生命内外通达、知行合一、丰盈圆满。相对于心理成长，这个阶段要走的路更为漫长。所以，完成这个阶段使命的只有极少数人。

最理想的情况是按次第成长，即身体成长、心理成长和灵性成长依次实现。身心灵，有一个没有实现成长，人就会处在重重的痛苦、枷锁、束缚之中，就会陷于无休无止、无边无际的苦海中、烦恼中。只有全部实现成长，才能获得真正的幸福。

自我实现，实现的是生命成长，而不只是身心成长的那个自我。如果生命得不到成长，就会患上一种病，在前面已经讲过，这种病统称为"终极关怀缺失症"。终极关怀缺失症在每个人那里的具体表现各有差异，但有一些共性，可以概括为空虚感、被抛弃感、恐惧感、悲观感、无归宿感。只有让生命充分成长、成熟，才能够彻底治愈、彻底解决终极关怀缺失症，才能实现生命觉醒，超越存在，超越生命。这就不难理解，为什么马斯洛晚年还要研究自我超越的 Z 理论。

这也就是我建构"真我"金字塔模型的缘起。而探索真我也是我们此生最重要的使命之一。

2. 果——倒果为因，站在"果"位上，先成为后拥有

什么是倒果为因？是站在"果"位上，先成为，再行动，后拥有，一步步去看到可能性。这个"果"是自己期待的结果或是自己想获得的成果。其原理是在短时间内，甚至是瞬间，更是在当下，达到与自己的身心，与外部

世界（人与事）的相应、相融、合一。与自己的身心相应、相融、合一时，人的语言、行为和意识，也就是我们的身、口、意都会呼应；与外部世界的人与事相应、相融、合一时，外部的信息、资源、能量都会被吸引到自己这里来，支持自己，帮助自己达成目标与结果。"当你有了目标时，世界上所有人都会为你让路"说的就是这个道理。

从前文小东的案例可见，小东当初已经是那个"拥有自由，用自己的专长给世界创造美感的人"。此时，小东看到了什么？听到了什么？感受到了什么？然后从"果"位上倒回来看，那是因为小东做了什么？怎样做的？

这里一定要注意时间点。当下、现在，你已经是那个人了，而不是未来是或希望是。如果有学生说"我现在还不是，不敢说出来，更不敢大声说出来"，那么我的办法是让学生先成为，再行动，后拥有，也就是倒果为因。

从积极心理学的角度说，这也是一种积极正向的引导。从生涯教练的角度说，这也是一种教练的思维模式。

倒果为因——先成为后拥有

有梦想:先成为后拥有	没梦想:先拥有后成为
先成为(Being) 再行动(Doing) 后拥有(Having) **从果到因**	先拥有(Having) 再行动(Doing) 后成为(Being) 从因到果

3. 道——各行其道,顺应自己的生命之道,成为自己

《中庸》开篇写道:"天命之谓性,率性之谓道,修道之谓教。"也就是说,人有与生俱来的天赋,顺应天性自然生长的规律为道,遵循这个生长规律为教。

各行其道,这是规则。设想一下,如果我们开车时,没有开在自己的车道上,而是开到别的车道上,将会出现什么状况?无序、混乱、堵塞……

各行其道,这是法则。每个人都有自己要走的道,如果我们走在成为别人的道上,将会出现什么状况?我们会感到拧巴、压制、迷茫、困惑、无力、焦虑,甚至抑郁。

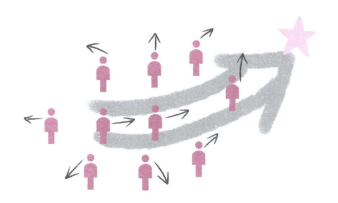

生涯教育就是帮助每个人顺应自己的生命之道,走在成为自己的道上。如果你走偏了,它会把你拉回来到自己的道上;如果你走反了,南辕北辙,它会把你拽回来,回到自己的道上;如果你已经走在自己的道上,还不知道是自己要走的道,它会让你看到并坚定地向前走。

4. 一 —— 一归真我,发现自己的生命规律,自然生长

一归真我，这个"一"是指所有自性或真我所化现的两元，本体与现象、主体与客体、自我与无我、解脱与束缚、光明与无明、自私与无私、有与无、好与坏、美与丑……都是一体的，这是真理。这个"一"，是我们内在的自性、真我，如同一粒种子，有不同的生长规律。是小麦，就长成小麦；是猴子，天性就会爬树；是鱼，天性就会游泳。应该让每个人内在的自性、真我、种子，就按照这个内在，顺应天性，自然地生长。

人最终要到哪里去？就是要回归到生命，并作为一个生命存在。

这个"真我"，是指先天之本性的我。只有顺应天赋禀性成长，才是获得快乐和幸福的源泉；只有做真实的自己，才能实现并超越自我。

我常用"一归真我"的标志，示意通过回归真我，明心见性，生命觉醒，实现生命的终极圆满、圆觉、圆融，抵达幸福的彼岸。大道至简，万法归一。一归何处呢？一归真我。这正是标志的内涵所在。

四 唤醒生涯的律动
——真、假、常、变

1. 真——生涯教育的"真相"与"假相"

我们国家的生涯教育起步较晚,是在 2000 年之后从西方引入的,先在职场运用,后因大学生的就业政策改变,就业需要指导,又在大学不同程度地开设相应的课程。2008 年教育部才正式发文,把生涯教育作为大学生的选修或必修课程。高考改革后,中学生涯教育在实施高考改革的省市进入了中学教育体系,作为中学德育教育体系的一个组成部分,除了开设生涯规划课程,还开展多种形式的生涯活动。

从生涯教育的现象看,是真相。

无论是大学还是中学,学校都纷纷开设生涯规划的必修课或选修课，学校与政府对生涯教育设施的建设也投入了大量的财力与人力，比如建立学校生涯实验中心（基地），购买各类测评软件……有的学校甚至把这些举措作为打造学校品牌的手段，以扩大学校知名度与影响力。确确实实都在做生涯教育，看上去很热闹。

从生涯教育的实质看，是假相。

生涯教育的意识没有被唤醒，教育主管部门和学校校长层面看到更多的是面上的、硬件的，但远远没有渗透到教育的各个环节，植入每个教师的内心。

在中学生涯教学中，无论是课堂教学还是各种生涯活动，或是请进来走出去，学生们玩得很开心，但玩过之后只是经历，没有经验，更缺乏提炼与体悟。因为缺乏对学生职业体验的引导，起不到应有的效果，没能真正提升学生发现、觉察、觉知、觉醒的意识，达不到内在生命的成长。

过度依赖测评工具，导致学生对天赋优势、学习风格及学习动力的认知偏差较大，盲目地选择大学专业及未来发展方向。

比如杭州某高中的高一学生小翔，MBTI的测评结果ESTJ（学校给的测试），解读结果为INFP。如果按照测评结果ESTJ，其主导功能Te，低级功能Fi，功能对ST，气质对SJ。是制度的创建者，指导型；是公务员；履行者，逻辑缜密型。如果按照解读结果INFP，其主导功能Fi，低级功能Te，功能与气质对NF。是人际关系创造者，理想主义者，哲学家类型，洞察关照型。可见，测评与解读后的结果完全相反，这是非常危险的。

2. 假——自我探索的"真我"与"假我"

什么是"真我"与"假我"？"真我"乃先天之本性的我，是生命中先天之本性，即自性本体。"假我"乃后天之改造的我，是成长中后天之面具的我。

"真我"与"假我"有什么不同？做真我，本性具足，独一无二，与众不同；身心合一，与自己连接，与宇宙连接，能量聚焦。做假我，孤独无助，空虚梦幻，迷茫困惑；身心分离，与自己无连接，与宇宙无连接，能量散乱。

如果探索的自我是假我，这个假我可以通过后天的学习或刻意的训练形成能力，在某一学科、某一领域、某一行业或某一职位做到 8 分的成效，甚至 10 分，会得到来自外界的认同，体现你的价值。你会十分自信，感觉良好，很有成就感，甚至得意忘形。但千万不要以为这是真正的你，以为这是你的天赋所在，以为这是你的优势所在，以为这是你的价值所在。事实上，这是一种假相，是假我在扮演的假象。假的就是假的，真相总有一天会显露。你会感觉很累，你会越来越迷惑，你会发现，要做到 10 ~ 12 分的卓越是何等困难，你会抱怨自己如此努力还没有别人稍稍努力做得成功，你会开始怀疑自己，开始不自信。真我开始以不同的方式提醒你，呼唤你回归自己，回归真我，回到自己的生命里，回到自己的生命之道上。

我们哪里也去不了,唯一正确的归宿就是我们的起点。我们必须穿越社会和文明的重重包围进入本真,在那里的才是真的我。除此之外,社会的我、文明的我、逻辑的我、自我的我、想象中的我,这一切的"我"都不是真我,都是假我!我们的教育就局限在它努力地帮助、引导我们成为一个假我。因为它没有发现人的真我在哪里!

对于生涯教育的思考与反思,让我发现并觉察到,生涯教育的自我探索,从价值观、兴趣、能力、性格四个方面,探索到的自我已经是被后天学习与培养后所呈现的自我,或者说是被社会各种标准要求过的自我,甚至可以说是被父母、老师和社会塑造过的自我,而并不是与生俱来、本性具足所显现的那个真我,那个本来的我。

从生涯教育的"真相"与"假相",自我探索的"真我"与"假我"的律动中,我们看到,生涯教育的本质是唤醒生涯,回归真我,觉醒生命,成为自己,超越自己。

3. 常——外部世界的"常"与"无常"

"无常"是指这个世界充满了变化,所有美好的东西都会消失,万物都处于极度的无常之中。我们在高中准备考的大学热门专业,等到三年后高中毕业,这个专业已经不热了;我们考上大学时向往的职业,等到四年后大学本科毕业,这个职业已经淡去;我们在职场中想从事的高薪行业或职业,等到三五年培训好胜任力后,这个高薪行业或职业已经大不如前,甚至消失得无影无踪。

"常"是指这些无常背后的规律性、恒定性。我们努力寻找各种变化背后能够把握的规律性、恒定性,但是谁又能够保证我们所找到的规律性、恒定性不是一种相对持久的变化呢?这说明这些规律性、恒定性只有在一定的条件下才能够发生,如果条件不存在了,规律也就不存在了。所以,这也反映了无常。

在这样一个充满了无常、不定、流动世界,一定存在着"常"。关键是我们如何找到这个"常"的存在条件。

这个"常"不存在于外界,而在我们每个人的内心,关键是我们如何才能够安住那颗心。当我们看不清楚自己的生命时,也就看不清楚这个世界。我们对世界的认识，取决于认知的模式。在生命成长的过程中，每个人都会形成自己的认知模式，这个模式与意识、知识、经验、观念、逻辑相关。

每个人的内心都有两个世界：一个是由意识、知识、经验、观念、逻辑所编织构想出来的世界；另一个是原初的、真实的世界，是客观存在的如实真相的世界。而我们看到的总是后天形成的表面的无常的变化的世界，而那个在里面的恒定的真实的世界总是被掩盖。

4. 变——个体发展的"变"与"不变"

我们每一个个体，从小就走在成长的路上，这是自身的要求也是外在的要求。身体的成长，心理的成长，生命的成长，整个成长过程就是"变"的过程。在成长过程中，我们不断地经历与接受教育，形成了自己的价值观，培养与训练出不同的能力，对人和事物及职业有不同的兴趣，对不同的人与环境会表现出不同的性格……随着我们的成长，价值观、兴趣、能力都会发生变化。

唯有我们的本性不会变。俗话说，江山易改，本性难移。中庸开篇中说道"天命谓之性"，这个"天命"就是指天性，这个"性"，就是指我们的生命之根，指本性、自性、种子、真我。

我们在自我探索中，性格的探索，就是探索"本我"。荣格的心理类型理论中，也是指这个本我。以我对荣格的理解，这个本我，不只是兽性（生物性）层面的本我，也不纯粹是人性层面的本我，而是自性层面的本我。荣格认为，性格是一个生命体天生禀赋的最极致表现，是面对人生不顾一切要展现的大勇，是对自己之所以是自己的绝对确认，是对生存条件最成功的适应，以及追求自我的最大限度自由。

荣格把人与人之间的天生不同称为"偏好"，并形成了性格类型。荣格认为我们都会用这两种偏好，但通常并不是每一种都能运用自如。心理能量的活动倾向是天生的，在理论上是不可以改变的。

性格是不会变的，我们一出生就具备了一种性格类型，这是指偏好不会变。如果说，性格是会变的，那是因为我们后天培养与训练的能力在变。比如，你天生是左撇子，后天训练右手写字，可能还练就一手好字，但左撇子的天性不会变，除了写字，你做其他事情可能更多是在用左手，这是你最舒服的状态，此生不会变。比如，你是一位内倾者，但你会根据所处的环境和所打交道的人采取不同的行为方式，但是不管怎样，你都有一个内倾不变的偏好或本性。

本性具足的天赋，就像一幅心中的蓝图与我们的生命同在，存在于我们的潜意识里。这些天赋在过往的经历中，在当下的工作与生活中，在未来的发展与创造中，已经在那里。就像无论爱与不爱，爱就在那里一样，只是不被自己所知。我们要做的就是去发现、去觉察、去体验、去觉知，然后充分地运用它。

从外部世界的"常"与"无常"和个体发展的"变"与"不变"的律动中，我们看到，运用与生俱来的天赋与禀性可以立足并建构属于自己的世界；运用创造、开拓、好奇、弹性心态可以面对变化无常的生涯发展；运用自己的确定性可以对冲充满不确定的外部世界；运用自身发展中的不变可以应对外部世界的瞬息万变。

五　唤醒生涯的心髓
　　——缘起、连接、理明、呈现

1. 缘起——世间万物皆有缘起，缘起缘灭缘自在

关于缘起的五个基于：

（1）基于我看到的高考改革所带来的变化。继 2014 年浙江、上海试点新高考后，全国各省市相继实施。我看到的"7 选 3""6 选 3"或"3+1+2"背后，就是一个宏大的生涯教育的存在，而这个宏大的生涯教育是全人、全员、全程、全方位的教育。

（2）基于我看到的生涯教育与咨询的现状。大学职业生涯教育和职场生涯规划培训的体系基本上是从西方引进的，而我们则完全按照西方的体系和内容进行教育

与培训。对于中学来说，自我探索的部分都在"自我"而非"本性"层面。生涯教育的本质与核心目标不清晰，导致课程体系及内容盲目地照搬大学或职业人士的生涯体系，或者完全依赖测评工具，缺乏对学生职业体验的引导。建立生涯实验室和举办各种职业体验活动，也起不到应有的效果。

（3）基于我看到的生命成长教育的现状。很多教育都重外在的成长而轻内在的成长；重后天智慧的学习与培养而轻先天智慧的开启与唤醒。人最内在的成长，是向生命本身的回归，而教育的核心目标是有效促进人心灵的成长。自我实现也都是以外在评价为标准而非内在衡量为基准，而生涯教育的终极目标是让受教育者具备幸福的能力。

（4）基于我自身的实践与探索。一是大学 12 年的职业生涯规划教育教学与研究；二是 10 多年的个体生涯咨询与辅导的经历；三是自身成长之路的体验与感悟。这些实践与探索让我看到了生涯教育仅仅用西方的生涯理论体系是不够的，要融合东方博大精深的传统文化精髓和智慧。

（5）基于我的遗愿清单。2013年2月我立下了遗愿清单。

①读博士或拜师，系统学习生命哲学，探索生涯教育源头并与之连接；

②创建TCM幸福生涯体系，通过生涯教育与咨询，帮助更多人实现幸福生涯；

③成为一位幸福生涯的践行者与传播者，实证实修，创作与演绎一本自己的幸福生涯人生剧本，并分享传播；

④行走，追寻圣贤的足迹，走进圣贤的世界，在行走中寻找自己，回归自己；

⑤做义工，支教，举办公益讲座；

⑥爱自己，自在活；

⑦退休前在学校给老师做一次讲座（已完成）；

⑧到东华大学给老师们做一次讲座（已完成）。

综合上述内容，我一直在思考这些问题：

如何从生命的成长与终身发展角度做生涯教育？ 而不只是关注一个阶段的学业规划或职业规划，更不只是高中的选科与高考后的志愿填报。生命的成长与发展过程，不是割裂的，它是一个系列的、统整的过程。所以，基于生命成长与终身发展的教育是贯穿人一生的，是全人全程的教育。

如何遵循"教育即生长"的规律，让每一粒种子顺应天性自然生长，长成自己本来的样子？ 现实中很多的做法，现在看上去没有问题，但问题早就埋下了，只是被外在世界表象掩盖了，最后"买单"的不是学校、老师、社会，而是家长和孩子。用一个构架或通过后天各种技能培训培养出来的模样，远远没有顺应天性自然生长长成的样子自如、自在、自然，更接近本来的样子。

如何让每个人活出本来的自己，获得安宁、喜悦、自在、健康、快乐、幸福的人生？《大学》中说道："知止而后有定，定而后能静，静而后能安，安而后能虑，虑而后能得。"最后落到"得"字上，即"活出来"，活出自己本来的样子。我们一辈子只活了一个外在的人生，所有预期与努力，都是在外在世界中，我们不知道，也从来没有深入去了解还有一个那么广大，远远比外在世界的人生丰富得多的内在心灵世界。

如何让每个人找到自己的道，走在成为自己的生命之道上，最终成为自己？ 每个人都有自己要走的道，而不是一味地众从他人或按照主流社会的要求走。

生涯教育如何从每个人当下的现实问题与需求出发？ 生涯教育既要考虑人的成长与发展问题，又要考虑人的现实问题与需求。尤其是高考改革，让中学生涯教育成为现实，那么，生涯教育如何帮助高中生解决现实问题并满足他们的需求？

……

基于这些思考，便有了更多的连接。

2. 连接——连接才能打开，打开自然流动，流动方可鲜活

关于连接的五个反思：

（1）高校生涯教育历经 10 年之久，为何许多大学生依然迷茫困惑、空虚梦幻、孤独无助，且在参加工作后这一现象持续并反复？

2005 年，也就是在我讲了 3 年大学职业生涯设计课程后，在教学与研究的过程中遇到了瓶颈。一是用一个理论工具或一份测评量表，比如霍兰德的兴趣测试，能够瞬间帮助学生了解自己的职业兴趣倾向，选择大学毕业后的职业。但效果是间歇性或阶段性的。过一阵子，学生又开始迷茫了，或不确定那个职业方向是不是自己

真正喜欢或适合的职业。同时，我自己也不确定，甚至质疑，一个理论工具或一份测评量表就能确定学生未来的职业方向？学生的反复迷茫，是不是确定的职业方向不是他们真正想要的？如果不用测试量表，又能使用什么方法找到职业方向？二是在大学职业生涯教学的体系中，自我探索通常通过价值观、兴趣、能力、性格四个方面获得。而我感到困惑甚至质疑，通过这四个方面探索到的自我，是真我吗？三是在课堂教学中，学生的职业目标通过探索已确定，我的教学目标也就完成了，但有的学生就是迟迟不行动，我便寻求各种方法，取了全球职业生涯规划师（GCDF）的认证和国际生涯教练（CBCC）认证，一场不落地参加每年高校举办的各种研讨会和人力资源机构举行的人才交流会等，企图把学到的生涯理论工具和教练技术运用在学生身上，促使学生行动。但仍发现，还有部分学生原地不动。这些学生告诉我："我投入了很多时间和精力还达不到目标怎么办？""我学的是生物工程专业，但我的职业目标是人力资源管理，用人单位会录用我吗？"他们还是处于迷茫状态。我又寻思着，还有什么方法可以帮助到学生。

我的质疑是，为何高校生涯教育无法系统解决大学生学业规划、职业规划与生涯发展中所面临的问题？或者说，为什么只能起到间歇性或阶段性的效果，而不是持续性或枢纽性的作用？是生涯教育的理论与方法不正确，还是运用不到位？

（2）如果中学生涯教育的缺失是导致大学生涯教育失灵的重要因素（只是一个假设），那么，中学生涯教育究竟要如何做？

我曾将大学生的职业困惑与生涯发展问题归因为中学生涯教育的缺失。中学阶段的自我认知缺乏、职业认知缺乏和评价标准单一等现状导致两个断层，当下与未来的断层，高中学科与大学专业和职业的断层，最终使得学生在高中毕业时仓促而盲目地选择专业与职业。

那么，现在高考改革来了，中学生涯教育已成为现实，中学生涯教育要如何做？（这里需要特别强调，中学生涯教育并非高考改革的产物，本来就存在，只是没有机会进入中学教育体系之中。高考改革让生涯教育从隐性需求变为显性需求。）

我的质疑是，大学生涯教育的体系与内容尚且不能从根本上解决大学生的生涯问题，又被原封不动地搬用到中学生涯教育之中，这样的生涯教育能真正帮助到中学生吗？中学生涯教育该如何做？

（3）为什么有些人看似已经到达马斯洛五个需求层次的自我实现层次，但依旧不快乐、不幸福，更谈不上超越？

这个反思源自2012年3月8日，我给某省属机关女性做的一场题为"女人生涯，幸福人生"的讲座。讲座之后，不少在外人看来已经"功成名就"的女性官员和骨干纷纷约我做个案咨询。她们的生涯困惑诸多，有的甚至身心疲惫。我看到了生涯教育的局限性，更理解为何马斯洛晚年还要研究自我超越的Z理论。他也一定觉察到了，能完成自我实现到自我超越的人十分罕见。

我的质疑是，我们探索的自我是社会评价标准认为的我，而不是真正的我，那真实的我又如何发现？于是便有了接下来的反思。

（4）自我探索，探索什么？自我成长，成长什么？自我实现，实现什么？

2014年10月的一天，我在北京回杭州的高铁上做了一个电话咨询，是一位非常成功的人士。从大学毕业到银行工作，从基础工作做起，通过二十多年的不断努力，从基层晋升到中层财务主管，再到高层的职位。俗话说，四十不惑，他却告诉我："这个职位是我进入职场以后努力的目标和方向，但我现在却感觉越来越困惑，工作没有激情，生活缺乏兴味，身心也变得麻木。这种状态不是我想要的……"

从与他的交流中，我脑海中瞬间出现了一个完整的生命成长的三个过程，即自我探索、自我成长、自我实现。从自我探索到自我成长，需要自我发现与觉察；从自我探索到自我成长再到自我实现，需要内在的觉察力和外在的行动力。

我的质疑是，正因为看到生涯教育的局限性，反观我从事的大学和中学生涯教育，生涯教育帮助每个人探索自我，那个自我究竟是哪个我？是"真我"还是"假我"？帮助每个人成长，究竟成长什么？是外在的成长还是内在的成长？而自我实现的那个人，是真我的实现还是假我的实现，是自己想要成为的人吗？

（5）如何从生命的本质找到生涯教育的源头？

目前的教育，尤其是生涯教育，我们在探索的都是已经被要求、改造，甚至摧残过的我，而不是本性、自性、本来的我。从自我探索到自我成长，再到自我实现，都是注重外在而非内在真实的自我。于是，我开始探寻与思考生命的本质及生涯教育的源头，便有了读生命科学、生命哲学的念头，便有了与生命科学、生涯哲学的连接。

我的质疑是，如果用"心内求道""自我觉知"等方法，对于已经远离真我，从小又缺乏生命教育的一代人，能真正帮助他们发现自己的生命规律，顺应自己的生命之道吗？

我寻寻觅觅18年，其中12年的大学生涯教育教学与研究，6年的新高考下中学生涯教育实践与探索，并结合35年大学教师，8年生涯教练，34年妈妈的经历，一路教学与研究，一路探索与思考，一路实践与体悟，带着一系列思考，从反思到质疑，从质疑到解惑，便有了五个悟到并践行。

3. 理明——理明自然法透，法透必得正见，正见方可正觉

关于理明的五个悟到：

（1）一个完整的生命成长过程（自我探索、自我成长、自我实现）；

（2）一个"人"的成长犹如鸟之双翼、车之双轮，缺一不可；

（3）痛苦的根源来自不是在做自己；

（4）每个人都有自己的"道"，人，终其一生是成为自己，走在成为自己的道上；

（5）实现幸福、圆满、圆融、圆觉人生的路径。

4. 呈现——当你盛开时，清风自然来；当你溢满时，自然流露

关于呈现的五个践行：

（1）建构"真我"金字塔模型；

（2）使命与天赋呼应，向死而生，找自己到做自己，两脉打通；

（3）站在"果"位上和"倒果为因"法；

（4）"真我"金字塔模型生发"一三五"体系（一本质、三重点、五目标、五步骤、五内容）；

（5）建构生命成长之路，绘制生命蓝图。

理明的五个悟到和呈现的五个践行，在前面已有阐述，这里不再展开。

一个生涯被唤醒的人是幸运的。意味着他的生命正式开始，走上了成长与觉醒之路；意味着他的内在智慧开始显现与彰显，内在的宇宙被引爆，喷发出无穷的能量；

意味着他的身心实现了连接,趋向合一,与外部世界的连接也自然而然发生,趋向天人合一。

唤醒自己也唤醒他人。就如卡尔·西奥多·雅斯贝尔斯说的:"教育,意味着一棵树摇动另一棵树,一朵云推动另一朵云,一个灵魂唤醒另一个灵魂。"

后 记

2019年是己亥猪年，是我的第六个本命年。首先感恩生命中的前五个本命年，让我天赋任运，本性自在，悲智双运，彰显真我；让我活出一束光，活出自己的样子，活出生活的美，呈现生命的丰盈。感恩父母给予我生命，给予我一个暇满人身；感恩儿子选择我做他今生的母亲，降临在我的生命中，让我的人生"梅开五度"，变得更有温度、宽度、厚度、深度、高度；感恩生命中所有相遇的人，成就我，在传播幸福生涯的路上陪伴我一同前行。

著书即著人生。愿给自己第六个本命年送上一份礼物，这是一个小小的心愿。

我一直深信心愿的力量！

1984年7月20日，我在20多岁时有三个心愿：一是到50岁时，一定要比先生年轻；二是到50岁时，要比现在的我美丽；三是到50岁时，要像妈妈一样成为家庭的主心骨，做个全方位称职的女人。

到50多岁时，我发现所有的心愿都已实现，还远远超越当初的期许。

2012年年初，我的心愿是把幸福生涯教育传播到社会人群。我便开始从高校走向社会，走进机关和企业。至2015年年底开展讲座共计87场。

2013年年初，我的心愿是走遍浙江省内监狱，给服刑人员做"人生可以这样规划"讲座。2014年10月，专门在北京举办个人发布会，聚同道中人一起讨论如何做服刑人员的生涯规划，一起走进"大墙"，让生涯教育之光照进服刑人员的心田，后因2015年浙江省实施高考改革试点，我又开始实践与探索中学生涯教育，这个心愿还在路上。

2013年年底，我开始建构TCM幸福生涯体系，课程体系涵盖中学生涯、大学生涯、父母生涯、退休生涯四个不同人生阶段，贯穿人的一生。想以Teacher（老师）、Coach（教练）和Mother（妈妈）的角色，通过生涯教育与咨询，让更多的人唤醒生涯，觉醒生命，实现幸福人生。

TCM幸福生涯体系

自我成长系列
如何成为你自己
开启你的幸福生涯

中学生涯系列
高中生涯教育实践精品课程
生涯导师高级课
中学全员生涯导师课
MBTI与学生学习&
幸福成长

大学生涯系列
生涯导师高级课
发现你的天赋优势
MBTI在大学生涯
教育中的运用

父母生涯系列
读懂自己,读懂孩子
成为孩子的生命教练

退休生涯系列
做自己,让生命精彩绽放
觉醒生命,
超越自己

  这些年,我一直在建构TCM幸福生涯体系,也如同一所大学,也如同一栋大楼。虽然"龟速",但忧道不忧贫,不忘初心;虽然已逾耳顺之年,但生命才刚刚开始,喜悦安宁;虽然一个人走,但一路前行,心心相印者聚合。慢慢地筑巢,初见雏形。似乎我这辈子就在做一件事,即践行并传播幸福!

  2020年,我的生命之花·幸福之轮:

2020年,我的心愿是做公益,到边远山区中学给全员导师做生涯培训。通过师资培训,最终惠及每个孩子。无论孩子们将来走什么路,成为什么样的人,期待他们能快乐幸福地成长,看到自己的与众不同,自信满满地面对未来。愿生涯教育能帮助更多边远山区的孩子成为自己。

还有很多……

一个个小小的心愿,源于我的一个使命,那就是帮助每个人唤醒生涯,唤醒沉睡的真我,觉醒无限的生命,走自己的生命之道,抵达幸福的彼岸。当我内心有了这个声音时,一个个小小的心愿都会自动发出声音,并得到很多人给予我的加持与助力。

我深信,心愿的力量。

我明白,此生有很多事要完成。

我知道,我的人生才刚刚开始!

参考文献

[1] 冯友兰. 中国哲学简史 [M]. 北京：北京大学出版社，2015.

[2] 阿姆斯特朗. 轴心时代 [M]. 孙艳燕，白彦兵，译. 海口：海南出版社，2017.

[3] 潘麟. 直指生命的真相 [M]. 北京：现代出版社，2017.

[4] 迈尔斯ＩＢ，迈尔斯ＰＢ. 天生不同 [M]. 闫冠男，译. 北京：人民邮电出版社，2016.

[5] 蒂格，巴伦. 做你自己：性格职业指南 [M]. 屈晓丽，译. 北京：首都师范大学出版社，2012.

[6] 阿特金森，切尔斯. 唤醒沉睡的天才 [M]. 古典，王岑卉，译. 北京：科学技术文献出版社，2013.

[7] 潘麟. 家门没有上锁 [M]. 上海：复旦大学出版社，2015.

[8] 一行禅师. 与生命相约 [M]. 明洁，译. 北京：紫禁城出版社，2012.

[9] 赛安慈,吴至青.还我本来面目[M].北京:华夏出版社,2015.

[10] 一行禅师.生命即当下[M].向北明,译.北京:中信出版社,2011.

[11] 塞里格曼.持续的幸福[M].赵昱鲲,译.杭州:浙江人民出版社,2012.

[12] 金树人.生涯咨询与辅导[M].北京:高等教育出版社,2012.

[13] 荣格.自我与自性[M].赵翔,译.北京:世界图书出版社,2017.